AF273697

# CARTA 29
## Sobre la obra de San Gabriel

JOSEMARÍA ESCRIVÁ DE BALAGUER

# CARTA 29
## Sobre la obra de San Gabriel

Edición preparada por
Luis Cano

EDICIONES RIALP
MADRID

La edición crítica de esta *Carta* ha aparecido en la revista
*Studia et Documenta* 17 (2023), pp. 279-351.

Preimpresión: www.produccioneditorial.com

ISBN (edición impresa): 978-84-321-6654-9
Depósito legal: M-201-2024

Impreso en España          *Printed in Spain*

Anzos, S. L. - Fuenlabrada (Madrid)

# ÍNDICE

# INTRODUCCIÓN

A lo largo de su vida, san Josemaría escribió un género de documentos, que llamó *Cartas*, para tratar aspectos centrales del carisma y de la historia del Opus Dei. Su tono es parecido al de una conversación familiar, en la que el fundador desarrolla un tema sin rigidez, como quien charla amigablemente con personas a las que ama y a las que quiere comunicar un importante mensaje.

La fecha con la que está datada, 9 de enero de 1959, es sin duda cercana al trabajo de redacción, pero no se puede precisar más sobre el periodo en que la compuso san Josemaría. Consta que, tras ser impresa, se enviaron ejemplares a varios países el 21 de enero de 1966.

Esta *Carta*, que lleva el número 29 según la edición de la Colección de Obras completas, trata sobre la obra de San Gabriel, uno de los apostolados –quizá el más extenso hoy día– que desarrolla el Opus Dei entre personas que han superado ya la juventud y que, generalmente, se sienten orientados a seguir el camino matrimonial.

San Josemaría había tratado con profundidad este tema en 1950, cuando escribió su *Instrucción sobre la obra de San Gabriel*, la cuarta de sus *Instrucciones*, que había comenzado a redactar en 1935. La *Instrucción* estuvo muy ligada a la aprobación estatutaria de la figura de los supernumerarios, en los que la Santa Sede reconoció una verdadera vocación para dedicarse plenamente a Dios, aunque dedicando a los trabajos apostólicos el tiempo que sus circunstancias familiares y sociales les permitan[1].

Desde 1950 a 1965 el mundo había cambiado mucho, y se intuían en el horizonte transformaciones sociales radicales, que repercutirían sobre múltiples dimensiones de la vida humana, en primer lugar, la religiosa, pero también la moral y familiar. Para san Josemaría era urgente subrayar un aspecto de la obra de San Gabriel al que ya había aludido en la *Instrucción*, pero que aquí toma un lugar preponderante: la proyección evangelizadora de esa labor, que se destina no solo a realizar un apostolado individual, sino

---

[1] Cfr. Carta de Josemaría Escrivá de Balaguer al papa Pío XII, 2 de febrero de 1948, en AGP, serie L.1.1, 10-1-15, en el n.º 342, 3 de los *Addenda* a las *Constitutiones* (en AGP, serie L.1.1, 10-1-17).

a influir cristianamente en un mundo que se está apartando dramáticamente de Dios, al menos en Occidente.

Cuando esta *Carta* salió a la luz, a mediados de los años sesenta, la obra de san Gabriel estaba experimentando una gran expansión en diversos países. Disponer de un texto como este, en esos momentos, podía ser muy útil para la formación de quienes debían dirigir o formar a las supernumerarias y supernumerarios, y también para transmitirles la doctrina del Fundador sobre los múltiples aspectos que se tratan en este texto. La opinión pública sobre algunos de ellos, como las cuestiones de moral matrimonial, había cambiado profundamente desde 1950 y era un tema de gran actualidad en 1966.

San Josemaría comienza su *Carta* explicando que la salvación traída por Jesucristo va destinada a todos los hombres sin excepción. Pero, aunque su redención sea sobreabundante, hay que constatar que muchos desconocen a Cristo y que el mal ha prosperado en el mundo: «En el campo que Dios se ha hecho en la tierra, que es heredad de Cristo, hay cizaña. No solo cizaña, ¡abundancia de cizaña!» (3a), escribe. Ante esa realidad, estas páginas constituyen una llamada a participar en la redención con Jesucristo, a no permanecer indiferentes. Se hace necesario, dice, actuar como el fermento en la masa, con una actuación lenta y constante, para divinizar a los hombres (nn. 1-9).

En ese contexto de grandes horizontes apostólicos –continúa en los nn. 10-15– se coloca la obra de san Gabriel, con la que «llenamos todas las actividades del mundo de un contenido sobrenatural, que –a medida que se vaya extendiendo– irá contribuyendo eficazmente a solucionar los grandes problemas de los hombres» (10a). Este es un punto clave en la *Carta*: la repercusión de la obra de san Gabriel no se limita a mejorar la vida cristiana de los que la frecuentan, sino que lleva, como consecuencia de la actuación personal, a vivificar e iluminar las realidades y estructuras temporales con la vida y la luz de Cristo. En esta sección habla de la vocación de los supernumerarios y supernumerarias, destacando esa proyección evangelizadora y transformadora: son gentes de todo tipo y clase social, que pueden influir cristianamente, tanto desde los puestos rectores de la sociedad, como en las más modestas encrucijadas de la vida, con un apostolado diversificado, que tiene todas las especializaciones que la vida misma ofrece. De ahí la importancia de la vocación profesional secular que es parte de la vocación como supernumerario o supernumeraria, que, entre otros aspectos, la diferencia de los apostolados llevados a cabo por otras realidades de la Iglesia.

La parte central (nn. 16-32) empieza tratando de la relación entre santidad y apostolado personal. Después continúa desarrollando el tema principal de esta *Carta*: la actuación profesional y apostólica se orientan no solo a la realización de un apostolado individual, sino que se fusionan para construir una sociedad más justa y más cristiana. Por eso Escrivá exhorta a amar el mundo y a estar presente sin miedo en todas las actividades y organizaciones de los hombres. Sin dejar irresponsablemente el campo libre a los enemigos de Dios y, al mismo tiempo, sin acritud: «Nuestra actitud ha de ser, hijos míos, de comprensión, de amor. Nuestra actuación no se dirige contra nadie, no puede tener nunca matices de sectarismo: nos esforzamos en ahogar el mal en abundancia de bien» (25a). Exhorta a trabajar con «un amor muy grande a todos los hombres, un corazón abierto a todas sus inquietudes y problemas, una comprensión inmensa, que no sabe de discriminaciones ni de exclusivismos» (26a). A empeñarse en «cristianizar todas las actividades del mundo: poner a Cristo en la cumbre de todas las actividades humanas» (28a).

Una breve sección (nn. 33-37) está dedicada a glosar algunas características de la formación de los supernumerarios y supernumerarias, entre las que destaca la libertad, tanto en la asimilación del carisma peculiar, como en el modo

de desenvolverse en el campo profesional y social: «Libertad, hijos míos —afirma—. No esperéis
jamás que la Obra os dé consignas temporales»
(36a). Exhorta a que cada uno busque las soluciones que, en conciencia, considera más apro-
piadas para resolver los problemas de su tiempo.
Se queja de que haya quienes, en la Iglesia, no
entiendan ni respeten esa libertad, llevados por
el clericalismo.

Sigue otra parte (nn. 38-42), también breve, en la que expone más características del
apostolado de los supernumerarios, hombres
y mujeres: no es una tarea eclesiástica; ha de
ser ejercido con humildad; se desenvuelve en
el ámbito de los deberes y derechos ciudadanos, porque la vocación tiene un «carácter plenamente secular» (41a). De ahí que insista de
nuevo en la necesidad de estar presentes, como
fermento cristiano, en las actividades humanas y en la vida pública, teniendo en cuenta la
importancia que tiene la legislación civil para
modelar la vida de los hombres en cuestiones
de relevancia moral.

Después de una breve alusión a los cooperadores (n.º 43), se detiene en algunos apostolados específicos, como el de anunciar el mensaje
evangélico a la opinión pública por medio de los
sistemas de comunicación de masas (nn. 44-46);
el apostolado de la diversión; la intervención en

las finanzas y en los diversos campos de la economía y de la política (nn. 47-52).

Una última sección (nn. 53-58) está dedicada a la vida familiar y al matrimonio, donde proporciona criterios para vivir santamente los deberes conyugales, en unos tiempos en los que la permisividad sexual se estaba abriendo paso, lo mismo que la mentalidad contraceptiva y el divorcio. La *Carta* termina con unas palabras conclusivas, que exhortan a comprometerse con la vocación recibida, apoyados en la conciencia de la propia filiación divina (nn. 59-60).

# CARTA 29

[Sobre la obra de san Gabriel: la vocación de los supernumerarios y su misión en la santificación del mundo y de la vida matrimonial y familiar; también designada por el íncipit *Dei amore*, lleva la fecha del 9 de enero de 1959 y se imprimió por primera vez en enero de 1966]

Hemos sido elegidos por el amor de Dios, hijas e hijos queridísimos, para vivir este camino —siempre joven y nuevo— de la Obra, esta aventura humana y sobrenatural, que es corredención con Cristo, participación estrecha e íntima en el ansia impaciente de Jesús por extender el fuego que había venido a traer a la tierra[1].

Él, con su cruz y su triunfo sobre la muerte, rasgó el decreto de condenación de los hombres[2] y los ganó a todos con el precio inmenso e infinito de su sangre: *empti enim estis pretio magno*[3], hemos sido comprados con un gran precio. A toda la humanidad, sin excepción, abrió la posibilidad de una nueva vida, de renacer en el Espíritu, de iniciar una existencia de vencedores

---

[1] Cfr. Lc 12,49.
[2] Cfr. Col 2,14.
[3] 1 Co 6,20; cfr. 1 P 1,18-19.

que pueden exclamar: *si Dios está por nosotros,
¿quién contra nosotros? El que no perdonó a su propio Hijo, sino que lo entregó por todos nosotros, ¿no
nos ha de dar con Él todas las cosas?... Porque tengo
la convicción de que ni la muerte, ni la vida, ni los
ángeles, ni los principados, ni lo presente, ni lo venide-
ro, ni las virtudes, ni la altura, ni la profundidad, ni
criatura alguna podrá arrebatarnos al amor de Dios
en Cristo Jesús, Nuestro Señor*[4]. ¡Himno espléndi-
do de seguridad, de plenitud, de endiosamiento,
que el pobre barro humano jamás pudo soñar
en entonar!

2    Pero el Señor, que ofrece su salvación a todos
los hombres, sin discriminaciones de pueblo,
raza, lengua o condición[5], a nadie fuerza para
que la acepte. Deja a los hombres en libertad: los
hombres a veces no quieren, y obligan a Jesús a
admitir sus excusas bajas y egoístas, sus negativas
—*habe me excusatum*[6]— a la invitación amorosa de
tomar parte en la gran cena.

Es un dolor ver que, después de veinte siglos, haya tan pocos que se llamen cristianos en
el mundo y que, entre los que se llaman cristianos, haya tan pocos que tengan la verdadera

---

[4] Rm 8,31-32; 38-39.
[5] Cfr. Ga 3,28; Col 3,11.
[6] Cfr. Lc 14, 15-24.

doctrina de Jesucristo. Os he contado alguna vez que, contemplando un mapamundi, un hombre que no tenía mal corazón, pero que no tenía fe, me dijo: *mire, de norte a sur, y de este a oeste, mire. ¿Qué quiere que mire?*, le pregunté. Y esta fue su respuesta: *el fracaso de Cristo. Tantos siglos procurando meter en el corazón de los hombres su doctrina y vea los resultados: no hay cristianos.*

Me llené, al principio, de tristeza; pero, enseguida, de amor y de agradecimiento porque el Señor ha querido hacernos cooperadores libres de su obra redentora. Cristo no ha fracasado: su doctrina y su vida están fecundando continuamente el mundo. Su redención es suficiente y sobreabundante, pero nos trata como a seres inteligentes y libres y ha dispuesto que, misteriosamente, cumplamos en nuestra carne —en nuestra vida— aquello que falta a su pasión *pro corpore eius, quod est Ecclesia*[7].

La redención se continúa haciendo: y vosotros y yo somos corredentores. Vale la pena jugarse la vida entera, y saber sufrir, por amor, para sacar adelante las cosas de Dios y ayudarle a redimir el mundo, para corredimir. Ante esta consideración, es la hora de que vosotros y yo clamemos en alabanza a Dios: *laudationem Domini loquetur os meum, et benedicat omnis caro*

---

[7] Col 1,24.

*nomini sancto eius*[8]; que ensalce nuestra boca al Señor, y que todas las criaturas bendigan su santo nombre.

3  No podemos olvidar, hijos míos, que el Señor ha dicho que su reino no es de este mundo[9] porque, al permitir el mal uso de la libertad humana, ha tolerado que, hasta el día de la cosecha, crezca la cizaña al tiempo que el buen trigo[10]. ¡Y el mal ha prosperado! Ya desde la cuna de la Iglesia, aun en vida de los Apóstoles, surgen las herejías y los cismas. Persecuciones de los paganos, en los primeros tiempos de la cristiandad, mahometismo, protestantismo, y comunismo ahora. En el campo que Dios se ha hecho en la tierra, que es heredad de Cristo, hay cizaña. No solo cizaña, ¡abundancia de cizaña!

Hasta que descienda del cielo la ciudad santa, la nueva Jerusalén —cielo nuevo y tierra nueva[11]—, no habrá tregua en la batalla que se libra entre *el Señor de los señores y Rey de reyes y los que están con él, llamados, escogidos y fieles*[12] por una parte, y los servidores de la bestia y del *hijo de la*

---

[8] Sal 145[144],21.
[9] Cfr. Jn 18,6.
[10] Cfr. Mt 13,24-30.
[11] Cfr. Ap 21,1-2.
[12] Ap 17,14.

*perdición, que se opone y se alza contra todo lo que se dice Dios o es adorado, hasta sentarse en el templo de Dios y proclamarse dios a sí mismo*[13].

## Optimismo fundado en Cristo

Nuestro optimismo no es un optimismo necio y presuntuoso: es realismo. Por eso no podemos ignorar la presencia del mal en el mundo, ni dejar de sentir la responsabilidad acuciante de haber sido convocados por Cristo, para batallar con Él su hermosa batalla de amor y de paz.

4

Hace bastantes años ya, en un retiro espiritual que daba a vuestros hermanos, les hacía observar la situación del mundo, que no ha cambiado mucho desde entonces. Les movía a contemplar –acudiendo a un modo gráfico– esa mancha roja que se extiende rápida por la tierra, que lo arrasa todo, que quiere destruir hasta el más pequeño sentido sobrenatural. Y el avance de otra ola muy grande de sensualidad –perdonadme–, de imbecilidad, porque los hombres tienden a vivir como bestias.

Y continuaba haciéndoles notar que aún se distingue otro color, que avanza y avanza, especialmente en los países latinos; de manera más hipócrita en otras naciones: el ambiente

---

[13] 2 Ts 2,3-4; cfr. Ap 13,1-17.

anticlerical —de anticlericalismo malo—, que intenta relegar a Dios y a la Iglesia al fondo de la conciencia o, dicho de otra forma más clara, quiere relegar a Dios y a la Iglesia a la vida privada, sin que el hecho de tener la fe se manifieste en la vida pública. No exagero: esos tres peligros son constantes, evidentes, agresivos.

5    No podéis —sería una comodidad intolerable— cerrar los ojos a esta realidad. No, para llenaros de pesimismo inerte e inactivo, sino para enardeceros y llenaros de las santas impaciencias de Cristo que, con paso rápido, adelantando a sus discípulos —*praecedebat illos Iesus*[14]—, hacía su último viaje a Jerusalén, para ser bautizado con un bautismo que había urgido continuamente su espíritu[15].

Que haya siempre en vuestros labios y en vuestras almas una afirmación rotunda, juvenil y audaz: *possumus!*[16], ¡podemos!, cuando sintáis la invitación del Señor: *¿podéis beber el cáliz que yo he de beber y ser bautizados con el bautismo con que yo he de ser bautizado?*[17].

Un hijo de Dios en su Obra, aunque sereno siempre con la serenidad de su filiación

---

[14] Mc 10,32.
[15] Cfr. Lc 12,50.
[16] Mc 10,39.
[17] Mc 10,38.

divina, no puede permanecer indiferente ante un mundo que no es cristiano ni siquiera humano. Porque muchos hombres no han llegado todavía a alcanzar aquellas condiciones de vida —en el orden temporal— que permiten el desarrollo del espíritu, y están como embotados para todo lo que no sea carnal. Se les pueden aplicar las palabras de la Escritura: *son hombres animales, sin espíritu*[18]. Se cumple, en esas pobres almas, lo que lamentaba San Pablo: *animalis autem homo non percipit ea quae sunt Spiritus Dei*[19], porque esas pobres criaturas no ven la luz espiritual, no disciernen las cosas que son del espíritu de Dios.

Pero volved los ojos a esos pueblos, que han alcanzado un crecimiento casi increíble de cultura y de progreso; que, en pocos años, han llevado a cabo una evolución técnica admirable que les proporciona un alto nivel de vida material. Sus investigaciones —es una maravilla cómo Dios ayuda a la inteligencia humana— deberían haberles movido a acercarse a Dios, porque, en la medida en que son realidades verdaderas y buenas, proceden de Dios y conducen a Él.

6

    Sin embargo, no es así: tampoco ellos, a pesar de su progreso, son más humanos. No

_____

[18] Jds, 19.
[19] 1 Co 2,14.

pueden serlo, porque, si falta la dimensión divina, la vida del hombre –por mucha perfección material que alcance– es vida animal. Solo cuando se abre al horizonte religioso culmina el hombre su afán por distinguirse de las bestias: la religión, desde cierto punto de vista, es como la más grande rebelión del hombre, que no quiere ser una bestia.

En el orden religioso, hijas e hijos míos, no hay progreso, no hay posibilidad de adelanto. La cumbre de ese progreso se ha dado ya: es Cristo, alfa y omega, principio y fin[20]. Por eso, en la vida espiritual no hay nada que inventar; solo cabe luchar por identificarse con Cristo, ser otros Cristos –*ipse Christus*–, enamorarse y vivir de Cristo, que es el mismo ayer que hoy y será el mismo siempre: *Iesus Christus heri et hodie, ipse et in sæcula*[21]. ¿Comprendéis que yo os repita, una y otra vez, que no tengo otra receta que daros más que esta: santidad personal? No hay otra cosa, hijos míos, no hay otra cosa.

*Fermento para divinizar a los hombres*

7    Se hace necesario un fermento, una levadura que divinice a los hombres y, al hacerlos divinos, los

---

[20] Cfr. Ap 21,6.
[21] Hb 13,8.

haga al mismo tiempo verdaderamente humanos. Aun muchos de los que se llaman discípulos de Jesús, aun los que se muestran oficialmente piadosos, tienen necesidad de fermento. La levadura hace la pasta tierna y ligera, la esponja, la elabora, dándole las condiciones propias para la alimentación. Sin fermento, la harina y el agua no producirían más que una masa compacta, indigesta, malsana.

Dios Nuestro Señor, en medio de las grandes deserciones, siempre se ha reservado un resto de hombres fieles, que actuasen en la masa como levadura. *Volverá un resto, un resto de Jacob, al Dios fuerte; porque, aunque fuera tu pueblo, Israel, como las arenas del mar, solo un resto volverá*[22]; el fruto restante queda en el olivo, cuando se sacude, *cuando se hace el rebusco*[23], decían los profetas. *También en el tiempo presente* —escribía San Pablo a los romanos— *ha quedado un resto, en virtud de una elección hecha por pura gracia*[24]. Jesús puso como levadura unos pocos: aquel grupo de hombres santos y de santas mujeres, que colaboraban con los primeros, en cuyos corazones había hecho una siembra maravillosa.

---

[22] Is 10,21-22.
[23] Is 24,13.
[24] Rm 11,5.

8   A los primeros hermanos vuestros les hacía notar que éramos pocos. Y con una firme seguridad, les decía: *¡mejor! ¿Que enfrente hay muchedumbres? Pero nosotros estamos unidos por el amor. Y ellos, aunque aparentemente están unidos, de hecho viven disgregados, porque los unió el odio: el odio que ha existido siempre, el odio que brota de la vida egoísta, de la lucha eterna de las criaturas rebeldes contra su Creador. Y les añadía: ¿queremos ser más? ¡Pues seamos mejores!*

Hijos de mi alma, el efecto de la levadura no se produce bruscamente, ni violenta ni parcialmente, sino con lentitud, sin prisa, por la virtud intrínseca que actúa sobre toda la masa. Y podéis comprobar —hoy que somos, por la gracia de Dios, multitud— la acción de un fermento: de aquellos pocos de la primera hora que tuvieron fe en Dios y en este pobre pecador, que han sido —como lo sois actualmente vosotros, en un ambiente casi universal— una levadura eficaz, por la fuerza de la vida sobrenatural, del trabajo y del gustoso espíritu de sacrificio.

9   Durante años, me encendía en amor de Dios la consideración del afán de Jesús por incendiar el mundo con su fuego. Y no podía contener dentro de mí aquel hervor que se abría impetuosamente en mi alma y que, expresándose en las palabras mismas del Maestro, salía a gritos de mi boca: *ignem veni mittere in terram, et quid volo nisi*

*ut accendatur?... Ecce ego quia vocasti me*[25]; he venido a poner fuego en la tierra, ¿y qué quiero sino
que arda?... Aquí estoy, porque me has llamado.

Todos mis hijos han de sentir ese deseo
magnánimo de poner todo el empeño, con el
sacrificio que haga falta, para que se activen las
energías agarrotadas y entumecidas de los hombres en servicio de Dios, haciendo propio aquel
clamor del Señor: *misereor super turbam*[26], teniendo cariño a la muchedumbre.

Nadie puede vivir tranquilo, en el Opus
Dei, sin experimentar inquietud ante las masas
despersonalizadas: rebaño, manada, piara, os
dije alguna vez. ¡Cuántas pasiones nobles hay,
en su aparente indiferencia, cuántas posibilidades! Es necesario servir a todos, imponer las manos a cada uno, como Jesús hacía —*singulis manus
imponens*[27]—, para tornarlos a la vida, para curar-
los, para iluminar sus inteligencias y robustecer
sus voluntades, ¡para que sean útiles! Y haremos

---

[25] Lc 12,49; 1 S 3,9. «*ignem veni mittere...*»: en diversas
ocasiones aludió a este hecho, que aparece recogido en
sus *Apuntes íntimos* (n.º 1741, 16 de julio de 1934, cfr.
Josemaría ESCRIVÁ DE BALAGUER, *Camino*, ed. crítico-his-
tórica preparada por Pedro RODRÍGUEZ, 3.ª ed., Madrid,
Rialp, 2004, pp. 899-902). (N. del E.)

[26] Mc 8,2.

[27] Lc 4,40.

entonces del rebaño, ejército; de la manada, mesnada; y extraeremos de la piara a quienes no quieran ser inmundos.

Tiene hoy la Obra fragancia de campo cuajado[28] y —ante la fecundidad de la labor— no hace falta fe, para darse cuenta de que el Señor ha bendecido a manos llenas nuestro trabajo. Hace años que, haciendo oración, con agradecimiento al Señor, cantaba yo a la Obra aquella copla de mi tierra: *capullico, capullico, / ya te estás volviendo rosa: / ya se está acercando el tiempo, / de decirte alguna cosa.* Hijos míos, hoy tenéis en vuestras manos unas bellísimas rosas, espléndidas, aunque tengan espinas. Este es el momento de no dormirse, de vibrar, para recoger —y entregarla a Jesucristo y a su Iglesia Santa— la cosecha ganada con tanto esfuerzo.

*Labor de San Gabriel: dar sentido cristiano a toda la sociedad*

10 Toda nuestra labor apostólica va directamente a dar sentido cristiano a la sociedad humana, pero con la obra de San Gabriel llenamos todas las actividades del mundo de un contenido sobrenatural, que —a medida que se vaya extendiendo— irá contribuyendo eficazmente a solucionar los grandes problemas de los hombres.

---

[28] Cfr. Gn 27,27.

Entre los Supernumerarios, hay toda la gama de condiciones sociales, de profesiones y de oficios. Todas las circunstancias y las situaciones de la vida son santificadas por esos hijos míos —hombres y mujeres—, que dentro de su estado y de su situación en el mundo, se dedican a buscar la perfección cristiana con *plenitud de vocación*.

Digo con plenitud de vocación, porque —en las circunstancias en las que providencialmente Dios los ha colocado— se esfuerzan por corresponder con generosidad total a cuanto el Señor les pide, llamándoles a su Obra: un servicio sin reservas, como ciudadanos católicos responsables, a la Iglesia Santa, al Romano Pontífice y a todas las almas.

La mayor parte de mis hijos Supernumerarios viven en el estado matrimonial y, para ellos, el amor y los deberes conyugales son parte de la vocación divina. El Opus Dei ha hecho del matrimonio un camino divino, una vocación. Llevo más de treinta años tratando de meter en el alma de tantas gentes el sentido vocacional del matrimonio; y enseñando —esto no lo digo yo, lo ha definido la Iglesia*— que la virginidad, y

---

* «*lo ha definido la Iglesia*»: lo hizo el Concilio de Trento (Sesión XXIV, 11 de noviembre de 1563, *Canones de Sacramento Matrimonii*, n.º 10), en *Conciliorum oecumenicorum decreta*, ed. de Hubert JEDIN y Giuseppe ALBERIGO, Bologna, Istituto per le scienze religiose di Bologna, 1973, p. 755. (N. del E.)

también la castidad perfecta, es superior al matrimonio, hemos exaltado el matrimonio hasta hacer de él una vocación. ¡Qué ojos llenos de luz he visto más de una vez cuando, creyendo —ellos y ellas— incompatibles en su vida la entrega y un amor noble y limpio, me oían decir que *el matrimonio es un camino divino en la tierra!* Volveré más adelante a hablar de este punto.

11    Entre los discípulos de Cristo, estaba representada toda la sociedad de su tiempo: le seguían lo mismo las gentes del pueblo que los hombres influyentes. Con frecuencia os he hecho fijar la atención en aquellos dos discípulos: Nicodemo, doctor de la ley y hombre principal —miembro del sinedrio tal vez— y José de Arimatea, rico, de la aristocracia laica del supremo tribunal de Jerusalén. Actuaban discreta y calladamente, firmes en la vida pública a los imperativos de su conciencia[29], y valientes y audaces, a cara descubierta, en la hora difícil[30]. Siempre he pensado —y os lo he dicho— que estos dos varones comprenderían muy bien, si viviesen hoy, la vocación de los Supernumerarios del Opus Dei.

Lo mismo que entre los primeros seguidores de Cristo, en nuestros Supernumerarios está

[29] Cfr. Lc 23,50-51.
[30] Cfr. Mc 15,43; Jn 19,39.

presente toda la sociedad actual, y lo estará la de siempre: intelectuales y hombres de negocios, profesionales y artesanos; empresarios y obreros; gentes de la diplomacia, del comercio, del campo, de las finanzas y de las letras; periodistas, hombres del teatro, del cine y del circo, deportistas. Jóvenes y ancianos. Sanos y enfermos. Una organización desorganizada, como la vida misma, maravillosa; especialización verdadera y auténtica del apostolado, porque todas las vocaciones humanas —limpias, dignas— se hacen apostólicas, divinas.

Nos interesan gentes que procedan de todas las profesiones y oficios, de todas las condiciones sociales, de las situaciones más diversas, que se dan o puedan darse, en ese entretejido de mutuos servicios que es la sociedad humana: porque todo ese conjunto de interrelaciones vivas ha de ser penetrado por el fermento de Cristo.

Daos cuenta, hijos míos, de que no destacamos unas profesiones o condiciones sociales sobre las demás*. El valor que buscamos en todas ellas

**12**

---

* *«no destacamos unas profesiones o condiciones sociales sobre las demás»*: san Josemaría señaló como uno de los fines específicos del Opus Dei el influjo cristiano entre los intelectuales, por su repercusión en el resto de la sociedad (cfr. José Luis González Gullón – John F. Coverdale, *Historia*

—sin discriminaciones, sin mentalidad clasista—
es lo que tienen de servicio a la comunidad, de
forma que elevamos y engrandecemos incluso
los oficios que, a los ojos de algunos, tienen poca
consideración social. Todas esas tareas cooperan
al bien temporal de la humanidad entera y, si se
cumplen con perfección y por un motivo sobrenatural —si se espiritualizan—, cooperan también
en la obra divina de la Redención, fomentan la

---

*del Opus Dei*, Madrid, Rialp, 2021, p. 56, nota), pero desde
los primeros años de su actividad fundacional resuena esta
afirmación «somos para la muchedumbre, nunca viviremos
de espaldas a la masa» (Carta de Josemaría Escrivá a Fran-
cisco Morán, Burgos 4 de abril de 1938, en *Camino*, ed. crí-
tico-histórica, op. cit., p. 250; cfr. com. al n.º 914, inspirado
en un apunte de 12 de octubre de 1931, donde ya aparece
el tema de la "muchedumbre"). En la documentación más
antigua que conservamos se percibe su anhelo por llegar
a obreros, dependientes de comercio, artistas, enfermeras,
etc., a personas de todas las profesiones y condiciones sociales, entre quienes encontrará gente dispuesta a incorpo-
rarse al Opus Dei. Por ejemplo, en *Apuntes íntimos*, n.º 373
(3 de noviembre de 1931) se lee: «Con la ayuda de Dios y la
aprobación del padre confesor, procuraré reunir pronto un
grupito aparte de obreros selectos», cit. en Luis CANO, "Los
primeros supernumerarios del Opus Dei (1930-1950)", en
Santiago MARTÍNEZ SÁNCHEZ e Fernando CROVETTO (ed.), *El
Opus Dei. Metodología, mujeres y relatos,* Thomsom Reuters
Aranzadi, Pamplona, 2021, p. 379. (N. del E.)

fraternidad entre todos los hombres, haciéndoles sentirse miembros de la gran familia de los hijos de Dios.

No sacamos a nadie de su sitio: ahí, en esas circunstancias en las que el Señor le llamó, ha de santificarse cada uno y santificar su ambiente, la parcela humana a la que se encuentra vinculado, por la que se encuentra justificada su existencia en el mundo. También en esto tenemos el mismo sentir de los primeros cristianos.

Recordad lo que San Pablo escribía a los fieles de Corinto: *cada uno permanezca en el estado en que fue llamado. ¿Fuiste llamado en la servidumbre? No te importe y, aun pudiendo hacerte libre, aprovéchate más bien de tu servidumbre*. *Pues el que, siendo siervo, fue llamado por el Señor, es liberto del Señor, y del mismo modo, el que recibió la llamada siendo libre, es siervo de Cristo. Habéis sido comprados a gran precio: no os hagáis esclavos de los hombres. Hermanos: persevere cada uno ante Dios, en la condición en que por Él fue llamado*[31].

---

* *«aprovéchate más bien de tu servidumbre»:* la traducción oficial castellana de la Conferencia Episcopal Española (2003) ofrece otra versión posible: «Si tienes la posibilidad de ser libre, aprovéchala». (N. del E.)

[31] 1 Co 7,20-24.

*Empapar de espíritu cristiano todas*
*las actividades del mundo*

13 En todos los niveles de la sociedad, buscad especialmente —con la gracia de Dios— vocaciones a su
Obra entre aquellas personas que, por su trabajo,
se encuentran en centros vitales de la convivencia
humana, en aquellas situaciones que constituyen,
por decir así, nudos o lugares de encuentro e inter-
sección de densas relaciones sociales.

No me refiero solo a los puestos rectores
de una comunidad nacional o superior, desde
los que —con espíritu de servicio— tanto bien se
puede hacer, para lograr que la sociedad se es-
tructure de acuerdo con las exigencias de Cristo,
que son garantía de paz verdadera y de auténtico
progreso social.

Me refiero también —porque interesan
tanto o más— a aquellos puestos, profesiones u
oficios que, en la esfera de las sociedades meno-
res, son, por su naturaleza, medios de contacto
con multitud de gentes, desde los que se puede formar cristianamente su opinión, influir en
su mentalidad, despertar su conciencia, con ese
constante afán por dar doctrina, que debe carac-
terizar a todos los hijos de Dios en su Obra.

Por eso, os he dicho con frecuencia que interesa —interesa a Dios Nuestro Señor— que haya
muchas vocaciones entre las gentes que son claves

en los pueblos: personal de las corporaciones municipales —secretarios de ayuntamiento, concejales, etc.—, maestros, barberos, vendedores ambulantes, farmacéuticos, comadronas, carteros, mozos de restaurantes, sirvientas, voceadores de periódicos, dependientes de comercios, etc.

Nuestra labor debe llegar hasta el último pueblo, porque el afán de amor y de paz, que nos mueve, empapará de espíritu cristiano todas las actividades del mundo, a través de este trabajo capilar, que cuida de informar cristianamente las células vivas que forman las comunidades superiores. No deberá haber ningún pueblo, donde no irradie *nuestro espíritu* algún Supernumerario. Y, según nuestro modo tradicional de hacer, ese hijo mío procurará enseguida pegar a otros su inquietud santa: y pronto habrá allí un grupo de hijos de Dios en su Obra, que se atenderá convenientemente —con los viajes y visitas que sean necesarios—, para que no se agoste, sino que se mantenga vibrante y activo.

Se comprende perfectamente, después de haber señalado la completa diversidad de los socios de la Obra, nuestra pluralidad: en las cosas de fe o en las del espíritu del Opus Dei, que son el mínimo denominador común, podemos hablar de *nosotros;* en todas las demás, en todo lo temporal y en todo lo teológico opinable

—numerador inmenso y libérrimo—, ninguno de mis hijos puede decir *nosotros*: debéis decir *yo, tú, él.*

14   Sabéis muy bien, hijos míos, que no tiene nuestra labor apostólica una finalidad especializada\*: tiene todas las especializaciones, porque arraiga en la diversidad de especializaciones de la misma vida; porque enaltece y eleva al orden sobrenatural, y convierte en auténtica labor de almas, todos los servicios que unos hombres prestan a los otros, en el engranaje de la sociedad humana.

En los últimos siglos, los religiosos de vida activa, tratando de acercarse al mundo —aunque siempre desde fuera—, han intentado especializar sus apostolados e infundir el espíritu cristiano en determinadas tareas humanas: educación,

---

\* *«una finalidad especializada»*: en el ámbito del apostolado seglar, se discutió durante años si era mejor seguir el modelo centralizado y tradicional de la Acción Católica, que se orientaba a la colaboración de los seglares en las diversas actividades parroquiales, o el modelo "especializado", que apuntaba a la inserción del militante católico en los problemas sociales del ambiente. Para el Opus Dei, según su Fundador, cualquier trabajo o actividad honesta es instrumento de apostolado, por lo que el Opus Dei «tiene todas las especializaciones» propias de la vida misma. (N. del E.)

beneficencia, etc. Labor benemérita, aunque con frecuencia no tenía tanto la finalidad de configurar o expresar la vocación propia de los religiosos como la de suplir la falta de iniciativa de los ciudadanos católicos. Estos, quizá porque se había descuidado su formación cristiana, no sentían la responsabilidad de cristianizar las instituciones temporales.

Pero los religiosos, en esa tarea —no específica de su vocación, sino de suplencia—, al buscar la especialización, se encontraban limitados, ya que hay muchos campos humanos que, siendo nobles y limpios, son absolutamente incompatibles con el estado propio de esas almas, cuya principal misión común es ofrecer al mundo —del que se han segregado santamente— el testimonio de su vida consagrada. Además, el laicismo de los últimos tiempos —en muchos países, aun católicos— va echando a los religiosos de las escuelas, de las instituciones benéficas, o —al menos— limitando sus actividades no estrictamente religiosas.

Con el apostolado de la Obra, los laicos, sin suplencias de ningún tipo*, sino tomando

_____

* «*sin suplencias de ningún tipo*»: el Autor quiere señalar que el apostolado de los laicos del Opus Dei en el mundo es «su misión en la Iglesia» y que se articula a través de la «vocación profesional secular», como dirá en el párrafo siguiente. Es decir, no invade, ni se considera

posesión —con conciencia plena y responsable— del campo específico que Dios les ha señalado como lugar de su misión en la Iglesia, llevan a cabo un apostolado, cuyas posibilidades de especialización son imprevisibles, porque se confunden con las posibilidades del trabajo humano y de sus funciones sociales y, sin inmovilismos, ese apostolado está abierto a todos los cambios de estructuras que puedan ocurrir, con el curso del tiempo, en la configuración de la sociedad.

No puedo, ahora, dejar de considerar que es muy difícil que los religiosos se sientan con *vocación profesional secular y corriente* —si la hubieran tenido, no serían religiosos—, y que formarlos para un trabajo profesional es difícil, caro, *superpuesto* y artificial: pienso que solamente un número muy pequeño de personas podría, en esas condiciones, llegar al nivel medio profesional de la gente de la calle.

---

mejor o superior al apostolado que llevan a cabo abnegadamente los religiosos en el mundo: simplemente es distinto, porque no procede de una vocación a la vida consagrada, sino del Bautismo, por el cual Dios llama a todos a ser discípulos misioneros de Cristo. (N. del E.)

## Preocupación y responsabilidad
### de toda la Iglesia Santa

Por ese motivo, podemos decir, hijos míos, que    15
pesa sobre nosotros la preocupación y la responsabilidad de toda la Iglesia Santa —*sollicitudo
totius Sanctae Ecclesiae Dei*—, no de esta parcela
concreta o de aquella otra. Secundando la responsabilidad oficial —jurídica, *de iure divino*— del
Romano Pontífice y de los Reverendísimos Or-
dinarios, nosotros, con una responsabilidad no
jurídica, sino espiritual, ascética, de amor, servimos a toda la Iglesia con un servicio de carácter
profesional, de ciudadanos que llevan el testimonio cristiano del ejemplo y la doctrina hasta los
últimos rincones de la sociedad civil.

Demuestra la historia el papel decisivo
que, en momentos difíciles para la unidad de la
Iglesia, jugaron las obras de carácter universal,
como las Órdenes y las Congregaciones religiosas. Nosotros, con una vocación que nada tiene
que ver con la de los religiosos, constituimos
una Asociación de carácter universal, con una
jerarquía interna universal también, que nos distingue claramente de los llamados *movimientos de
apostolado** y nos hace un instrumento cohesivo

---

* «*nos distingue claramente*»: en realidad, desde el punto de vista sociológico y apostólico, las diferencias con

y eficaz al servicio de la Iglesia y del Romano
Pontífice.

16  Vuestra eficacia, hijos míos, será consecuencia
de vuestra santidad personal, que cuajará en
obras responsables, que no se esconden en el
anonimato. Cristo Jesús, Buen Sembrador, nos
aprieta —como al trigo— en su mano llagada, nos
inunda con su sangre, nos purifica, nos limpia,
¡nos emborracha! Y luego, generosamente, nos
echa por el mundo uno a uno, como deben ir
sus hijos del Opus Dei, esparcidos: que el trigo
no se siembra a sacos, sino grano a grano.

Sois luz en el Señor: comportaos, pues, como hijos de la luz. El fruto de la luz es todo bondad, justicia
y verdad[32]. Es inconcebible —sería una falsedad,
una doble vida, una comedia— la vida de un hijo
mío que no dé frutos abundantes de apostolado.
Os digo una vez más que ese hijo mío estaría

---

los movimientos de hoy día son pequeñas; la diversidad
—para san Josemaría— estriba aquí en la universalidad,
tanto del fenómeno pastoral y de comunión que repre-
senta el Opus Dei, como de su jerarquía interna. Pero
esta distinción no significa lejanía con quienes comparte
un mismo anhelo de santidad en el mundo, de evange-
lización y de servicio a la Iglesia, y lazos de comunión y
fraternidad. (N. del E.)

[32] Ef 5,8-9.

muerto, ¡podrido!: *iam foetet*[33]. Y yo —lo sabéis bien— a los cadáveres los entierro piadosamente.

A través del trato individual con vuestros compañeros de profesión o de oficio, con vuestros parientes, amigos y vecinos, en una labor que muchas veces he llamado apostolado de amistad y de confidencia, sacudiréis su modorra, abriréis horizontes amplios a su existencia egoísta y aburguesada, les complicaréis la vida, haciendo que se olviden de sí mismos y comprendan los problemas de quienes les rodean. Y estad seguros de que, al complicarles la vida, los lleváis —tenéis experiencia— al *gaudium cum pace*, a la alegría y a la paz.

Ese apostolado personal —que no es labor anárquica, porque seguís en él las orientaciones doctrinales o prácticas de vuestros Directores—, si lo realizáis con constancia, creará un ambiente sereno en torno vuestro y reproducirá en vuestros hogares la imagen de aquellas casas de los primeros fieles cristianos.

Al ejercitar esa labor apostólica individual, procuráis acercar —a las personas que tratáis— a los medios colectivos de formación espiritual y doctrinal que la Obra organiza —retiros espirituales, conferencias, círculos, etc.— y a la dirección espiritual con nuestros sacerdotes: porque esos

---

[33] Jn 11,39.

medios son eficacísimos —necesarios— para completar la atención de esas almas, que cada uno de vosotros cuidáis, sirviéndoos de vuestra vida profesional, del lugar que ocupáis en el mundo, de vuestra situación familiar; sirviéndoos de todo, porque todo es medio de apostolado.

17 Pero no os podéis detener ahí. No os podéis quedar satisfechos, cuando ya habéis llevado a algunos de vuestros parientes o amistades a un retiro espiritual, o cuando los habéis puesto en contacto con algún sacerdote de la Obra. No se acaba ahí vuestro trabajo apostólico. Porque es preciso también que os deis perfecta cuenta de que hacéis un apostolado fecundísimo, cuando os esforzáis por orientar con sentido cristiano las profesiones, las instituciones y las estructuras humanas, en las que trabajáis y os movéis.

Procurar que esas instituciones y esas estructuras se conformen con los principios que rigen una concepción cristiana de la vida, es realizar un apostolado de base muy amplia, porque —al encarnar de ese modo el espíritu de justicia— aseguráis a los hombres los medios para vivir de acuerdo con su dignidad, y facilitáis a muchas almas que, con la gracia de Dios, puedan responder personalmente a la vocación cristiana.

Cuando me oigáis hablar de justicia, no entendáis esta palabra en un sentido estrecho, porque –para que los hombres sean felices– no es suficiente establecer sus relaciones sobre la justicia, que da a cada uno lo suyo con frialdad: yo os hablo de caridad, que supone y desborda la justicia; y de caridad de Cristo, que no es caridad oficial, sino cariño.

## Siembra de paz y de amor

Por eso, al actuar en la sociedad, huid siempre de enfrentar a unos hombres con los demás, porque un cristiano no puede tener mentalidad de *clase*, de casta; no hundáis a unos para levantar a otros, porque en esa actitud se esconde siempre una concepción materialista: dad a todos la oportunidad de desarrollar su personalidad y de elevar su vida por el trabajo; y no os conforméis con evitar los odios, porque ha de ser denominador común nuestro hacer una siembra de paz y de amor.

    Al acometer vuestro trabajo, cualquiera que sea, haced, hijos míos, un examen para comprobar, en la presencia de Dios, si el espíritu que inspira esa tarea es, en realidad, espíritu cristiano, teniendo en cuenta que el cambio de las circunstancias históricas –con las modificaciones que introduce en la configuración de la sociedad– puede hacer que lo que fue justo y bueno en un momento dado, deje de serlo. De ahí, que deba ser incesante en vosotros esa crítica constructiva,

18

que hace imposible la acción paralizante y desastrosa de la inercia.

19    Hemos de conquistar para Cristo todo valor humano que sea noble: *estad atentos a cuanto existe de verdadero, de honorable, de justo, de puro, de amable, de virtuoso y digno de alabanza*[34]. Cualquier realidad que aparezca en la vida de los hombres, hemos de conducirla enseguida a Dios, descubriendo su sentido divino. Por eso, como os he repetido tantas veces, es necesario que no perdáis nunca el punto de mira sobrenatural. *Todo cuanto hacéis de palabra o de obra, hacedlo todo en el nombre del Señor Jesús, dando gracias a Dios Padre por medio de Él*[35].

Siempre adheridos a las estructuras temporales, siempre al día, no necesitaréis nunca –como se dice hoy– *aggiornamento*, porque tendréis en todo instante una esperanza comprensiva y responsable con el mundo de todas las épocas, exigiendo que sean afirmados los valores de la libertad, de la dignidad de la persona, siempre con voluntad de unidad y de amor en ese servicio.

Ha querido el Señor que, con nuestra vocación, manifestemos aquella visión optimista de la creación, aquel *amor al mundo* que late en

---

[34] Flp 4,8.
[35] Co 3,17.

el cristianismo. No debe faltar nunca la ilusión, ni en vuestro trabajo ni en vuestro empeño por construir la ciudad temporal. Aunque, al mismo tiempo, como discípulos de Cristo que *han crucificado la carne con sus pasiones y concupiscencias*[36], procuréis mantener vivo el sentido del pecado y de la reparación generosa, frente a los falsos optimismos de quienes, *enemigos de la cruz de Cristo*[37], todo lo cifran en el progreso y en las energías humanas.

Cometen estos el gran pecado de olvidar el pecado, que algunos incluso piensan haber ya quitado de en medio. No consideran que forma parte de la economía redentora que el grano de trigo, para que sea fecundo, debe ser hundido en la tierra y morir[38]. *El final de esos hombres será la perdición, su Dios es el vientre, y la confusión será la gloria de quienes tienen el corazón puesto en las cosas terrenas. Porque nosotros somos ciudadanos del cielo, de donde esperamos al Salvador y Señor Jesucristo, que transfigurará la miseria de nuestro cuerpo a imagen de su cuerpo glorioso, en virtud del poder que tiene para someter a sí todas las cosas*[39].

---

[36] Ga 5,24.
[37] Flp 3,18.
[38] Cfr. Jn 12,24.
[39] Flp 3,19-21.

20    Con ese sentido de profunda humildad –fuertes en el nombre de nuestro Dios y no en los recursos de nuestros carros de combate y de nuestros caballos[40]–, estad presentes *sin miedo* en todas las actividades y organizaciones de los hombres, para que Cristo esté presente en ellas. Yo he aplicado a nuestro modo de trabajar aquellas palabras de la Escritura: *ubicumque fuerit corpus, illic congregabuntur et aquilae*[41], porque Dios Nuestro Señor nos pediría cuenta estrecha, si, por dejadez o comodidad, cada uno de vosotros, libremente, no procurara intervenir en las obras y en las decisiones humanas, de las que dependen el presente y el futuro de la sociedad.

Es muy propio de vuestra vocación la intervención prudente –y cuando digo prudente, no digo tímida–, activa y discreta, a la manera de como actúan los ángeles, que tienen una acción invisible pero eficacísima, en las diversas asociaciones y corporaciones –públicas o no– de ámbito local, nacional o de extensión internacional.

No podéis estar ausentes –sería una criminal omisión– de las asambleas, congresos, exposiciones, reuniones de científicos o de obreros, cursos de estudio, de toda iniciativa, en una

---

[40] Cfr. Sal 20[19],8.

[41] Mt 24,28. «Donde está el cadáver, allí se reunirán los buitres». (N. del E.)

palabra, científica, cultural, artística, social, eco-
nómica, deportiva, etc. A veces las promoveréis
vosotros mismos; la mayor parte de las veces habrán sido organizadas por otros y vosotros acu-
diréis. Pero, en todo caso, os esforzaréis por no
asistir pasivamente, sino que, sintiendo la carga
—amable carga— de vuestra responsabilidad, pro-
curaréis haceros necesarios —por vuestro prestigio,
por vuestra iniciativa, por vuestro empuje—, de
forma que deis el tono conveniente e infundáis
el espíritu cristiano en todas esas organizaciones.

Individualmente, sin formar grupo —es imposi-    21
ble que lo forméis pues todos y cada uno gozáis
de una libertad ilimitada en todo lo temporal—,
tomad parte activa y eficaz en las asociaciones
oficiales o privadas, porque nunca son indiferentes para el bien temporal y eterno de los
hombres. Hasta una sociedad de cazadores o de
coleccionistas, por poner algún ejemplo, se puede aprovechar para hacer mucho bien o mucho
mal: todo depende de los hombres que las rigen
o las inspiran.

   Aunque, como os he dicho, trabajáis individualmente —con libertad y responsabilidad
personales— en esos terrenos, sabed que hacéis
un servicio a Dios Nuestro Señor cuando formáis
a vuestro alrededor a otros hermanos vuestros
—orientándolos; sin torcer, como es lógico, sus

propias inclinaciones—, que os puedan sustituir o
suceder, para que nunca, por falta de uno de vosotros, quede una parcela de campo al descubierto.

*Así actuaron los primeros cristianos*

22   Así actuaron los primeros cristianos. No tenían,
por razón de su vocación sobrenatural, pro-
gramas sociales ni humanos que cumplir; pero
estaban penetrados de un espíritu, de una concepción de la vida y del mundo, que no podía
dejar de tener consecuencias en la sociedad en la
que se movían.

Con un apostolado personal semejante al
nuestro, fueron haciendo prosélitos y, durante
su cautividad, ya enviaba Pablo a las iglesias los
saludos de los cristianos que vivían en *la casa del
César*[42]. ¿No os conmueve aquella carta encanta-
dora que dirige el Apóstol a Filemón, que es un
testimonio vivo de cómo el fermento de Cristo
—sin pretenderlo directamente— había dado un
nuevo sentido, por el influjo de la caridad, a las
estructuras de la sociedad heril?[43].

*Somos de ayer y llenamos ya el orbe y todas
vuestras cosas: las ciudades, las islas, las aldeas, los*

---

[42] Flp. 4,22.
[43] Cfr. Flm 8-12; Ef 6,5 ss.; Co 3,22-25; 1 Tm 6,1-2;
1 P 2,18 ss.

*municipios, los concejos, los mismos campamentos, las tribus, las decurias, el palacio, el senado, el foro: solo os hemos dejado vuestros templos,* escribía —poco después de un siglo— Tertuliano[44].

Hijos míos, llenaos de esperanza y de ánimo: sin     23
pausa *trabajemos por la paz y por nuestra mutua edificación*[45]. *No volváis mal por mal; procurad obrar el bien, no solo delante de Dios, sino también delante de todos los hombres. A ser posible y en cuanto de vosotros depende, tened paz con todos*[46].

Recordad muchas veces, para que os sirva de acicate, la queja del Señor: *filii huius sæculi prudentiores filiis lucis in generatione sua sunt*[47]; los hijos de las tinieblas son más prudentes que los hijos de la luz. Palabras duras pero muy exactas, porque, por desgracia, se cumplen cada día.

Entretanto, los enemigos de Dios y de su Iglesia se mueven y se organizan. Con una constancia *ejemplar*, se preparan sus cuadros, mantienen escuelas donde forman directivos y agitadores, y con una acción disimulada —pero

---

[44] Tertuliano, *Apologeticum*, 37,4 (*Fontes Christiani* 62, ed. de Tobias Georges, Freiburg-Basel-Wien, Herder, 2015, p. 230).
[45] Rm 14,19.
[46] Rm 12,17-18.
[47] Lc 16,8.

eficaz— propagan sus ideas y llevan, a los hogares y a los lugares de trabajo, su semilla destructora de toda ideología religiosa.

Hoy, hijos míos, el marxismo —en sus diferentes formas— está activo: sistemáticamente, intenta dar fundamento científico al ateísmo y, con una propaganda incesante, no tanto clamorosa como individual, critica todo asomo de religión y, configurándose como una fe y una esperanza terrenas, quiere sustituir la verdadera Fe y la Esperanza verdadera.

No comprendo a esas personas que se llaman católicas y que abren los brazos al marxismo —tantas veces condenado por la Iglesia como incompatible con su doctrina—, que dan la mano a los enemigos de Dios, y a los católicos que no piensan como ellos los tratan como enemigos. El católico que maltrata a otros católicos, y trata con aparente caridad a los que no lo son, yerra gravemente, yerra contra la justicia, encubriendo su error con una falsa caridad. Porque la caridad, si no es ordenada, deja de ser caridad.

24 Hijos míos, del enemigo el consejo*. Sed avisados y prudentes y no os durmáis: *hora est iam nos*

---

* «*del enemigo el consejo*»: refrán popular que invita a ser prudentes con los adversarios, especialmente si se presentan pareciendo que buscan nuestro bien: en este caso, san

*de somno surgere*[48], es hora de sacudir la pereza y la somnolencia. No olvidéis que lugares de la tierra, que fueron en otro tiempo testigos de iglesias florecientes, son actualmente un erial, donde no se pronuncia el nombre de Cristo. Sería comodidad tratar de justificar ese fracaso, pensando que está en los planes divinos escribir derecho con renglones torcidos y que, al final, la causa de Dios triunfa siempre. Es verdad que Cristo triunfa siempre, pero, muchas veces, a pesar de nosotros.

Sin espíritu belicoso ni agresivo, *in hoc pulcherrimo caritatis bello*, con una comprensión que acoge a todos y colabora con todos los hombres de buena voluntad —también, sin transigir con los errores que profesan, con los que no conocen o no aman a Jesucristo—, no olvidéis que el Señor dijo: *no penséis que he venido a poner paz en la tierra; no vine a poner paz, sino espada*[49]. Es muy

---

Josemaría invita a desconfiar del marxismo. El tema aparece en la fábula del león y la cabra, atribuida a Esopo; aquí proviene de la versión de Félix María Samaniego (1745-1801), en su fábula del perro y el cocodrilo. Curiosamente, en el § 35b de esta misma *Carta*, Escrivá lo usa de nuevo, pero en sentido opuesto: a veces, la opinión de un enemigo puede revelar una verdad aprovechable. (N. del E.)

[48] Rm 13,11.
[49] Mt 10,34.

fácil prestar atención solo a la mansedumbre
de Jesús y orillar —porque estorban a la comodidad y al conformismo— sus palabras, divinas
también, con las que nos aguijonea para que *nos
compliquemos* la vida.

*Defensa de la verdad, ahogando el mal
en abundancia de bien*

25    No nos gusta a los hombres, por lo general, decir
y mantener la verdad, porque es más cómodo
procurar ser aceptados por todos, no correr el
riesgo de disgustarnos con alguno. Nuestra actitud ha de ser, hijos míos, de comprensión, de
amor. Nuestra actuación no se dirige contra nadie, no puede tener nunca matices de sectarismo:
nos esforzamos en ahogar el mal en abundancia
de bien. Nuestro trabajo no es labor negativa:
no es *antinada*. Es afirmación, juventud, alegría
y paz. Pero no a costa de la verdad.

    Porque cultivamos la libre personalidad de
cada uno, los hijos de Dios en su Obra somos
gente que sabe pensar por cuenta propia, que no
acoge, sin más, los tópicos, los lugares comunes
que hacen furor —son moda— durante un deter-
minado tiempo. Nuestra formación nos enseña
a realizar una labor de criba, que aprovecha lo
que es bueno y deja lo demás. Muchas veces
habrá que ir —hemos ido casi siempre— contra

corriente, abriendo cauces y caminos nuevos. No por afán de originalidad, sino por lealtad a Jesucristo y a su doctrina. Lo fácil es dejarse llevar, pero las posturas fáciles son también frecuentemente actitudes que demuestran falta de responsabilidad.

Es cierto que habéis de vivir, en todo momento, entre las gentes de vuestro tiempo, de acuerdo con su mentalidad y sus costumbres, pero *siempre prontos a dar razón de vuestra esperanza*[50] en Jesucristo, no vaya a ser que, porque no tenéis que adaptaros –ya que os encontráis en medio de vuestros iguales–, no se pueda distinguir que sois discípulos del Señor. ¡Cuánto sentimentalismo, miedo, cobardía hay en ciertos afanes de adaptación!

Hijos de mi alma, no veáis detrás de mis palabras más que un amor muy grande a todos los hombres, un corazón abierto a todas sus inquietudes y problemas, una comprensión inmensa, que no sabe de discriminaciones ni de exclusivismos. Y entended que es, no el temor –porque no tenemos miedo a nada ni a nadie, ni a Dios que es nuestro Padre–, sino el sentimiento de responsabilidad de que un día hemos de dar cuenta al Señor de nuestra misión corredentora, lo que nos

26

_____
[50] 1 P 3,15.

urge —*caritas enim Christi urget nos*[51]— a no desmayar, a encontrarnos siempre insatisfechos de las etapas adquiridas, ¡a no dormirnos sobre los laureles!

*Sin flojera, fervorosos de espíritu*[52], aprovechad el tiempo[53], porque la vida es breve: *mientras hay tiempo, hagamos bien a todos, especialmente a los hermanos en la fe*[54]. Llenad de amor este pobre mundo nuestro, porque es nuestro: es obra de Dios y nos lo ha dado por heredad: *dabo tibi gentes hereditatem tuam et possessionem tuam terminos terrae*[55]. Tened en cuenta que lo posible lo hace cualquiera, y Dios Nuestro Señor nos pide —y nos da su gracia para conseguirlo— que hagamos cosas que os parecerán imposibles.

27    No os quedéis en idealismos: sed realistas. Veis cosas tan grandes, tanto campo para trabajar, tanta labor y tantas posibilidades, que, después de contemplarlas, puede ser que ya os quedéis satisfechos y os olvidéis de las cosas concretas —*hodie, nunc*—, que han de hacer posible que todo eso llegue a ser realidad algún día.

---

[51] 2 Co 5,14.
[52] Rm 12,11.
[53] Cfr. Ef 5,15-16.
[54] Ga 6,10.
[55] Sal 2,8.

En medio de esta hermosísima lucha, permaneced serenos. Son perniciosas las inquietudes enredadoras. *Corripite inquietos*[56], amonestaba Pablo a la comunidad cristiana de Tesalónica. *Porque hemos oído* —les decía— *que algunos viven entre vosotros en la ociosidad, sin hacer nada, ocupados en entrometerse en todo*[57]. Y les daba el remedio único, que no es otro que el cumplimiento del deber: cuando hacemos aquello que tenemos que hacer y estamos en lo que hacemos, cuajamos en realidad los grandes proyectos de Dios. *A esos tales* —continuaba el Apóstol— *les ordenamos y rogamos por amor del Señor Jesucristo que, trabajando con serenidad, coman su pan*[58].

*Cristo en la cumbre de todas las actividades humanas*

¡Cuánto espera el Señor de vuestro trabajo constante, ilusionado y lleno de entusiasmo —aunque sin ilusión y entusiasmo sensibles, con frecuencia—, con el que tratáis de cristianizar todas las actividades del mundo: poner a Cristo en la cumbre de todas las actividades humanas!

28

Esa labor es particularmente propia de mis hijos y también de mis hijas Supernumerarias,

---

[56] 1 Ts 5,14.
[57] 2 Ts 3,11.
[58] 2 Ts 3,12.

tan recias —a veces más que los varones— en llevar la sal y la luz de Cristo a los ambientes en que se mueven: el hogar y la vida de relación social y el ejercicio de las profesiones más varias.

Releed aquel pasaje del Viejo Testamento, en el que Judit tuerce la voluntad del pueblo y de sus jefes, dispuestos a entregar la ciudad a los ejércitos enemigos. *Llegaron a los oídos de Judit* —dice el sagrado texto— *las desatinadas palabras que el pueblo había dirigido al jefe... e hizo llamar a los ancianos de la ciudad, Ocías, Cabris y Carmis, y cuando llegaron les dijo: escuchadme, príncipes de la ciudad de Betulia. No es acertado lo que hoy habéis dicho al pueblo... ¿Quiénes sois vosotros para tentar a Dios, los que estáis constituidos en lugar de Dios en medio de los hijos de los hombres? ¿Pretendéis poner a prueba al Dios omnipotente? ¿No acabaréis de aprender?*[59] Represión llena de energía y audacia que es un exponente de lo que una mujer sobrenatural y valiente, fiel a su conciencia, puede influir en el curso de la vida pública —normalmente de un modo callado, discreto y eficacísimo— a la hora de defender los intereses de Cristo. No dejéis de meditar tampoco en la fortaleza de María Santísima y de aquellas santas mujeres, que se mantuvieron enteras y firmes al pie de la cruz, cuando desertaron los varones, a la hora de la cobardía general.

---

[59] Jdt 8,9-13.

Hijas e hijos míos, si conserváis este buen espíritu, se podrá aplicar a vosotros hoy lo que el libro de los Hechos dice de los Apóstoles de Jesús: *por las manos de los Apóstoles se realizaban muchos milagros y prodigios en el pueblo*[60]. Serán —los vuestros— milagros sin espectáculo, pero estad seguros de que serán verdaderos milagros.

En el ejercicio de vuestras profesiones, en vuestra vida pública y, generalmente, en todo lo que es temporal, actuáis cada uno con personal libertad y responsabilidad, formando vuestras opiniones, siempre según los dictados de vuestra conciencia, pero con una diversidad maravillosa. No comprometéis —no podéis comprometer— ni a la Iglesia ni a la Obra, porque tenéis *mentalidad plenamente laical* y, por tanto, amiga de una libertad que no se limita por otras trabas que aquellas que vienen señaladas por la doctrina y la moral de Jesucristo. 29

El fin y los medios de la Obra de Dios no son temporales: son plena y exclusivamente sobrenaturales, espirituales. La Obra está al margen, es ajena a intereses humanos, políticos, económicos, etc. Es, por su naturaleza, trascendente a la sociedad terrena y nunca, por tanto, podrá anclarse en una cultura determinada, ni ligarse a unas

[60] Hch 5,12.

concretas circunstancias políticas, ni vincularse a una cierta época de la historia humana.

Algunas veces, el Opus Dei, como corporación, promueve tareas e iniciativas apostólicas. Son labores –de enseñanza, de propaganda cristiana, asistenciales, etc.– conocidas por todos y abiertas a todos, también a los no católicos y a los no cristianos, que se realizan dentro de los términos señalados por las leyes civiles de cada país. No constituyen estas labores corporativas una actuación eclesiástica, porque son, simple y sencillamente, actividades profesionales de ciudadanos, aunque con entraña y fines apostólicos.

*Conciencia cristiana al vivir las obligaciones cívicas*

30    Pero el hecho de que nuestra Obra sea completamente ajena a los intereses de la sociedad terrena, a las empresas de orden económico o social, a las actividades políticas, etc., no quiere decir que permanezca indiferente ante el espíritu –o la falta de espíritu– que anime las instituciones de la ciudad temporal. Nos interesa que los ciudadanos tengan conciencia clara de sus obligaciones cívicas, que las cumplan con recto criterio humano y con cristiano sentido de la vida.

He dicho muchas veces que, en el Catecismo de la Doctrina Cristiana, que se hace aprender a los niños, deberían incluirse unas cuantas preguntas y respuestas, en las que se recogiesen esos deberes, para que, desde la infancia, se grabase en sus inteligencias que son preceptos divinos y, más tarde, al hacerse hombres, sintiesen la responsabilidad en conciencia de cumplirlos.

Se malentiende, a veces, aquella distinción que hizo el Señor entre las cosas de Dios y las cosas del César[61]. Distinguió Cristo los campos de jurisdicción de dos autoridades: la Iglesia y el Estado y, con ello, previno los efectos nocivos del cesarismo y del *clericalismo*. Sentó la doctrina de un *anticlericalismo* sano, que es amor profundo y verdadero al sacerdocio —da pena que la alta misión sacerdotal se rebaje y envilezca, mezclándose en asuntos terrenos y mezquinos—, y fijó la autonomía de la Iglesia de Dios y la legítima autonomía de que goza la sociedad civil, para su régimen y estructuración técnica.   31

Pero la distinción establecida por Cristo no significa, en modo alguno, que la religión haya de relegarse al templo —a la sacristía— ni que la ordenación de los asuntos humanos haya de hacerse al margen de toda ley divina y cristiana. Porque esto sería la negación de la fe de Cristo, que exige la adhesión del hombre entero, alma y cuerpo; individuo y miembro de la sociedad.

---

[61] Cfr. Mt 22,21.

El mensaje de Cristo ilumina la vida íntegra de los hombres, su principio y su fin, no solo el campo estrecho de unas subjetivas prácticas de piedad. Y el laicismo es la negación de la fe con obras, de la fe que sabe que la autonomía del mundo es relativa, y que todo en este mundo tiene como último sentido la gloria de Dios y la salvación de las almas.

32    Por eso, entenderéis que a la Obra –como a la Iglesia, de la que es un órgano vivo– le interesa la sociedad humana, porque hay en ella derechos inalienables de Cristo, que es preciso proteger. Hasta el punto de que se puede decir que todo el apostolado del Opus Dei se reduce a *dar doctrina*, para que todos sus miembros y las gentes que se acercan a su formación ejerciten individualmente –como ciudadanos– una acción apostólica de carácter profesional, santificando la profesión, santificándose en la profesión y santificando a los demás con la profesión.

En repetidas ocasiones os he dicho que la Obra de ordinario no actúa exteriormente: como si no existiese. Son sus miembros quienes, respetuosos con las leyes civiles de cada país, dentro de esas leyes trabajan. La actividad del Opus Dei se dirige principalmente a dar a sus socios una intensa formación espiritual, doctrinal y apostólica.

Es la labor de la Obra como una gran catequesis, como una inmensa dirección espiritual que ilustra, aconseja, mueve, espolea y alienta la conciencia de muchas almas para que no se aburguesen, mantengan viva su dignidad cristiana, ejerciten los derechos y cumplan los deberes de ciudadanos católicos responsables.

## Formación de los Supernumerarios

Hijas e hijos míos Supernumerarios, la formación que os da el Opus Dei es flexible: se adapta, como el guante a la mano, a vuestra situación personal y social. Debéis ser muy claros, en la dirección espiritual, para exponer las circunstancias concretas del trabajo, de la familia, de las obligaciones sociales, porque, siendo en nosotros único el espíritu y únicos los medios ascéticos, se pueden y se deben hacer realidad en cada caso sin rigideces.

33

Hablad sinceramente con vuestros Directores, para que nunca se turbe la libertad y la paz de vuestro espíritu ante dificultades que encontréis —muchas veces imaginarias—, que tienen siempre solución. Tened en cuenta que la formación espiritual, que recibimos, es opuesta a la complicación, al escrúpulo, a la cohibición interior: el espíritu de la Obra nos da libertad de espíritu, simplifica nuestra vida, evita que seamos retorcidos, enmarañados; hace que nos olvidemos de nosotros mismos, y que nos preocupemos generosamente de los demás.

Para recibir la formación, solo excepcionalmente debéis ir por las casas, en las que hacen vida de familia los socios Numerarios: es más discreto que veáis a los Directores y Celadores en vuestros lugares de trabajo, en vuestras casas, en la calle, que es el lugar donde el Señor nos ha llamado. Y, para recibir la formación colectiva, no resulta indiscreto ir a la sede de alguna de nuestras obras corporativas, que tienen las puertas y las ventanas de par en par, porque están abiertas a todas las almas.

34   La Obra, junto a la formación ascética, os da una formación doctrinal sólida que es parte integrante de ese denominador común –aire de familia– de todos los hijos de Dios en su Opus Dei. Necesitáis esa base de ideas claras sobre los temas fundamentales, para estar en condiciones de iluminar tantas inteligencias y de defender a la Iglesia de los ataques, que recibe a veces de todas las partes: ideas claras sobre las verdades dogmáticas y morales; sobre las exigencias de la familia y de la enseñanza cristiana; sobre los derechos al trabajo, al descanso, a la propiedad privada, etc.; sobre las libertades fundamentales de asociación, de expresión, etc. De esta manera

podréis experimentar gozosamente la verdad de aquellas palabras: *veritas liberabit vos*[62], porque la verdad os dará alegría, paz y eficacia.

En las Convivencias anuales —que os ayudan a conservar el fervor primitivo, mejoran vuestra cultura religiosa y os robustecen para el apostolado—, en los Círculos de Estudios, en las conferencias, en los cursos especializados, etc., recibís con asiduidad abundante doctrina, al tiempo que se os informa de cuestiones candentes de actualidad, enfocadas con criterio cristiano. Formación que completáis con lecturas, porque siempre habrá a vuestra disposición bibliotecas circulantes, a las que acudís como suscriptores, procurando suscribir también a otros, que no pertenezcan a la Obra.

Poned mucho empeño en asimilar la doctrina que se os da, de manera que no se estanque; y sentid la necesidad y el deber gustoso de llevar a otras mentes la formación que recibís, para que cuaje en buenas obras, llenas de rectitud, también en los corazones de otros.

Por lo que acabo de decir, es del todo necesario que los gobiernos locales, que atienden a los Supernumerarios, tengan dedicación a la labor, porque ninguno de ellos —ninguno de mis hijos— deberá sentirse nunca solo; y habrá que prever con

---

[62] Jn 8,32.

cuidado su formación, durante las épocas de vacaciones y los períodos de aislamiento.

Los hijos míos que tienen encomendado el gobierno y la dirección de sus hermanos habrán de renunciar con frecuencia al brillo de una labor personal para, como sillares ocultos, poner el fundamento de un trabajo de mucho mayor alcance. Y no deben olvidar que esas actividades de gobierno y de formación, lo mismo que las de aquellos otros que se dedican por entero a nuestros apostolados corporativos, son también siempre un trabajo profesional.

*Cada caminante siga su camino*

35    La Obra forma a sus miembros, para que cada uno de ellos –con libertad personal– actúe cristianamente en el ejercicio de su profesión, en medio del mundo. En los asuntos temporales, los Directores de la Obra nunca podrán imponer una opinión determinada: cada uno de vosotros –repito– se comporta con plena libertad, de acuerdo con el dictamen de su conciencia bien formada.

En 1939, recién acabada la guerra civil española, dirigí en las proximidades de Valencia un curso de retiro espiritual, que tuvo lugar en un colegio universitario de fundación privada. Había sido utilizado, durante la guerra, como cuartel comunista. En uno de los pasillos, encontré un gran letrero, escrito por alguno *no conformista*, donde se leía: *cada caminante siga su camino*. Quisieron quitarlo, pero yo les detuve: *dejadlo* —les dije—, *me gusta: del enemigo, el consejo*\*. Especialmente desde entonces, esas palabras me han servido muchas veces de motivo de predicación. Libertad: cada caminante siga su camino. Es absurdo e injusto tratar de imponer a todos los hombres un único criterio, en materias en las que la doctrina de Jesucristo no señala límites.

Libertad absoluta en todo lo temporal, porque no existe una única fórmula cristiana para ordenar las cosas del mundo: hay muchas fórmulas técnicas para resolver los problemas sociales, científicos, económicos, políticos: y todas serán cristianas, con tal de que respeten esos principios mínimos, que no se pueden abandonar sin violar la ley natural y la enseñanza evangélica.

Libertad en lo temporal y también en la Iglesia, hijos míos. Soy muy anticlerical —con ese anticlericalismo sano, del que os hablo tantas veces— y quien tenga mi espíritu lo será también. Con demasiada frecuencia en los ambientes clericales —que no tienen el buen espíritu sacerdotal— se organizan monopolios con pretextos de unidad, se trata de cerrar a las almas en grupitos, se atenta a la libertad de las conciencias de los

---

\* «*del enemigo, el consejo*»: ver nota en § 24. (N. del E.)

fieles —que deben buscar la dirección y la formación de sus almas donde lo juzguen más oportuno
y con quien prefieran—, y se multiplican preceptos negativos innecesarios —ya sería mucho que
se cumpliesen los mandamientos de Dios y de la
Iglesia—, preceptos que ponen enfrente psicológi-
camente a quienes han de cumplirlos.

*Libertad*

36  Libertad, hijos míos. No esperéis jamás que la
Obra os dé consignas temporales. No tendría mi
espíritu quien pretendiese violentar la libertad
que la Obra concede a sus hijos, atropellando la
personalidad propia de cada uno de los hijos de
Dios en el Opus Dei.

   Sois vosotros —libremente— quienes habéis de estar sensibilizados por la formación que
recibís, de tal manera que reaccionéis espontá-
neamente ante los problemas humanos, ante las
circunstancias sociales inciertas que precisan ser
encauzadas con criterios rectos. A vosotros, con
vuestros conciudadanos, os toca correr con valentía ese riesgo de buscar soluciones humanas
y cristianas —las que en conciencia veáis: no hay
una sola— a las cuestiones temporales que surjan
en vuestro camino.

   Porque esperaríais inútilmente que la Obra
os las dé hechas: eso ni ocurrió, ni ocurre ni

podrá ocurrir jamás, porque es contrario a nuestra naturaleza. No es la Obra *paternalista*, aunque esta palabra es ambigua y, por lo tanto, me refiero a la significación peyorativa. Vuestros Directores confían en la capacidad de reacción y de iniciativa, que tenéis: no os llevan de la mano. Y, en el orden espiritual, tienen hacia vosotros sentimientos de paternidad, ¡de maternidad!, de *buen paternalismo*.

Por eso, es imposible que formemos, en el seno de la sociedad, lo que hoy se llama un grupo de presión, por la misma libertad de que gozamos en el Opus Dei: ya que, en cuanto los Directores manifestaran un criterio concreto en una cosa temporal, se rebelarían legítimamente los demás miembros de la Obra que piensan de distinta manera, y me vería en el triste deber de bendecir y alabar a los que tajantemente se negaran a obedecer —tendrían que poner cuanto antes el asunto en conocimiento de los Directores Regionales, o del Padre—, y de reprender con una santa indignación a los Directores que pretendieran hacer uso de una autoridad, que no pueden tener. También serían dignos de reprensión grave aquellos hijos míos que —en nombre de la libertad de ellos— pretendieran limitar la libertad legítima de sus hermanos, tratando de imponer un criterio personal, en asuntos temporales u opinables.

Los que se obstinan en no ver estas cosas claras y en inventarse secreteos, que nunca han existido ni nunca se necesitarán, lo hacen seguramente *ex abundantia cordis*, porque ellos obran de esa manera. Y no podrán jamás llevar, como nosotros, la frente alta y mirar a los ojos de los demás con luz clara: porque no tenemos nada que ocultar, aunque cada uno tenga sus miserias personales, contra las que lucha en su vida interior.

37    Sucede que algunos, en estos treinta y un años, han mirado con celotipia nuestra labor; otros, con poca simpatía, porque no tienen simpatía a la Iglesia, a la que servimos en bien de todos los hombres; no han faltado incluso —pocos, por fortuna— quienes, por su mentalidad clerical, no son capaces de entender el trabajo esencialmente laical de mis hijos; ha habido también otros, que no saben o no quieren recordar que Dios Nuestro Señor concede su gracia —gracia específica— a las almas que se le dedican, y para explicar la intensidad, la extensión y la eficacia de los apostolados de la Obra, inventan causas humanas, falsas en absoluto, puesto que sus fines son sobrenaturales y los medios que empleamos también son exclusivamente espirituales, sobrenaturales: la oración, el sacrificio y el trabajo santificado y santificante.

Hay quienes no son capaces de respetar y de comprender la libertad personal de los demás, que parecen impermeabilizados para entender que los miembros del Opus Dei tienen una finalidad común, que es solamente de carácter espiritual, y que únicamente concuerdan en esa finalidad; que son ciudadanos libres en las cuestiones temporales, igual que los otros laicos —sus conciudadanos—, y que deben convivir fraternalmente con todos.

Algunas de esas personas —os decía— proceden de ambientes cerrados de sacristía, y están habituadas a ver que los religiosos acostumbran a manifestar sus opiniones, de acuerdo con *la escuela de la respectiva familia religiosa* o de acuerdo con *el modo de pensar de sus Superiores*; y han querido así, *con este prejuicio de mentalidad clerical*, colocar al Opus Dei o a mí personalmente como una etiqueta, de monárquico o de republicano —cuando no me han llamado masón—, por el hecho de que yo no he excluido a ningún alma de nuestra actividad de hijos de Dios.

Vuestro trabajo apostólico, hijos míos, no es una tarea eclesiástica\*. Y, aunque no hay de suyo          38

---

\* «*no es una tarea eclesiástica*»: es decir, para Escrivá el apostolado es tarea de cada persona, no de la institución, la cual se limita a orientar y a asistir pastoralmente a las personas que pertenecen o se acercan al Opus Dei. Su idea es que la acción apostólica es siempre responsabilidad y fruto de la iniciativa de los miembros, cooperadores

inconveniente en que algunos forméis parte de asociaciones de fieles, no será esto lo normal, porque el apostolado específico para el que os prepara la Obra —el que Dios quiere de nosotros— no tiene matiz confesional[*].

Vivimos, con esa discreción, una maravillosa humildad colectiva, porque al trabajar silenciosamente, sin alardear de éxitos o de triunfos —pero, vuelvo a decir, sin misterios ni secreteos, que no necesitamos para servir a Dios—, pasáis inadvertidos entre los demás fieles católicos —porque eso sois: fieles católicos—, sin recibir aplausos por la buena semilla que sembráis.

Con todo, especialmente en lugares rurales —donde lo contrario podría resultar extraño—, algunos podéis trabajar en las cofradías y otras obras apostólicas parroquiales, procurando animarlas, vivificarlas, pero, de ordinario, sin ocupar cargos. Por eso, los que dirijan asociaciones

---

o amigos, que se benefician de la orientación y ayuda espiritual que se les proporciona. (N. del E.)

[*] «*no tiene matiz confesional*»: la misión como discípulos de Jesús en el mundo brota de la conciencia bautismal y se despliega en las relaciones personales que cada uno cultiva. Por eso, puede no tener un matiz oficialmente católico o "confesional", pues brota de la vida de fe personal y se expresa en el ejercicio de la propia profesión o actividad secular. (N. del E.)

de fieles que –por desgracia– tengan afanes de monopolio, no deben temer que les arrebatemos su dictadura exclusivista, porque nuestro criterio es que, para hacer su labor, ya están ellos. Nosotros debemos actuar con nuestro modo propio, bien diverso.

Pero, como fieles cristianos que sois, si las circunstancias del ambiente y la mayor eficacia del apostolado no aconsejan otra cosa, no estéis ausentes del culto público, que la sociedad como tal está obligada a rendir al Señor. He sufrido tantas veces al contemplar manifestaciones de culto en las que faltaba la comunidad, no aparecía en ellas la familia, el pueblo de Dios. Estoy seguro de que, si sois fieles, será una realidad ese culto público, sobrio y digno, sin alharacas ni extremismos que lo convierten a menudo en algo *pintoresco*.

## *Apostolado en el ejercicio de los deberes y derechos ciudadanos*

Vuelvo a deciros, hijos míos, que el apostolado       39
específico que habéis de realizar, lo lleváis a cabo como ciudadanos, con una plena y sincera fidelidad al Estado, conforme a la doctrina evangélica y apostólica[63]; con fiel obediencia a las leyes civiles;

---

[63] Cfr. Mt 22,15-22; Mc 12,13-17; Lc 20,20-26; Rm 13,1-7.

observando todos los deberes cívicos, sin sustraeros al cumplimiento de ninguna obligación y ejercitando todos los derechos, en bien de la colectividad, sin exceptuar imprudentemente ninguno.

De ese ejercicio de los derechos ciudadanos, encontramos un ejemplo vivo que imitar en la reiterada actitud de San Pablo, según se describe en el libro de los Hechos. Con una firmeza viril, que a los timoratos podrá parecer arrogancia y que es hombría de bien sin ñoñerías, el Apóstol exhibe, cuando hace falta, su condición de ciudadano romano y exige, ausente toda humildad de garabato, que se le trate como a tal: *después que a nosotros, ciudadanos romanos, nos han azotado públicamente sin juzgarnos y nos han metido en la cárcel ¿nos quieren sacar ahora en secreto? No será así. Que vengan ellos* (los lictores) *y nos saquen*[64].

Con esa entereza hablaba al carcelero de Filipos. Y es estupenda la conversación, llena de garbo humano, que Pablo, a punto de ser azotado, sostiene en Jerusalén con el tribuno: *cuando lo sujetaron para azotarlo, dijo Pablo al centurión que estaba presente: ¿os es lícito azotar a un romano sin haberle juzgado? Al oír esto el centurión, fue al encuentro del tribuno y se lo comunicó, diciendo: ¿qué ibas a hacer? Este hombre es romano. El tribuno se le acercó y dijo: ¿eres tú romano? Él contestó: sí. Añadió el tribuno: yo*

---

[64] Hch 16,37.

*adquirí esa ciudadanía por una gran suma. Pablo res-*
*ponaïó: pues yo la tengo por nacimiento*[65]. Hijos míos,
huelgan los comentarios: tomad ejemplo.

Os he subrayado algunas veces el hecho lamen-            40
table de la progresiva invasión del Estado en la
esfera privada, con la consiguiente esclavitud
que esto supone para los ciudadanos, que se ven
privados de legítimas libertades. Y os he puesto
de relieve que el Estado es frío y sin entrañas,
con lo que su totalitarismo viene a convertirse
en algo peor que la más dura situación feudal.

 Dejando a un lado otras razones, si esto
ocurre así, es debido, en gran parte, a la inhi-
bición de los ciudadanos, a su pasividad para
defender los derechos sagrados de la persona humana. Esta inactividad, que tiene su origen en la
pereza mental y en la voluntad inerte, se da también en los ciudadanos católicos, que no acaban
de ser conscientes de que hay otros pecados —y
más graves— que los que se cometen contra el
sexto precepto del Decálogo.

Hijas e hijos míos, de la misión que Dios nos            41
ha confiado y del carácter plenamente secular de
nuestra vocación se deduce que ningún aconte-

---

[65] Hch 22,25-28.

cimiento, ninguna tarea humana nos puede ser indiferente. Por ese motivo, insisto en deciros que es necesario que estéis presentes en las actividades sociales, que brotan de la misma convivencia humana o que ejercen en ella un influjo directo o indirecto: debéis dar aire y alma a los colegios profesionales, a las organizaciones de padres de familia y de familias numerosas, a los sindicatos, a la prensa, a las asociaciones y concursos artísticos, literarios, deportivos, etc.

Cada uno de vosotros participará en esas actividades públicas, de acuerdo con su propia condición social y del modo más adecuado a sus circunstancias personales y, por supuesto, con plenísima libertad, tanto en el caso de que actúe individualmente, como cuando lo haga en colaboración con aquellos grupos de ciudadanos, con quienes haya estimado oportuno cooperar.

Comprendéis muy bien que esta participación en la vida pública, de que os hablo, no es actividad política, en el sentido estricto del término: muy pocos de mis hijos trabajan —por decirlo así— *profesionalmente* en la vida política. Yo os hablo de la participación que es propia de todo ciudadano, que sea consciente de sus obligaciones cívicas. Vosotros os debéis sentir urgidos a actuar —con libertad y responsabilidad personales—, por todas y las mismas razones nobles que mueven a vuestros conciudadanos.

Pero, además, os sentís urgidos de modo particular, por vuestro celo apostólico y por el deseo de llevar a cabo una labor de paz y de comprensión en todas las actividades humanas.

Trabajando de esta forma, unidos a vuestros conciudadanos y removiéndolos, haciendo ambiente para que las cosas no vengan impuestas sin expresar el legítimo sentir de la sociedad, podréis orientar cristianamente la legislación de vuestras comunidades nacionales, sobre todo en aquellos puntos que son clave en la vida de los pueblos: las leyes sobre el matrimonio, sobre la enseñanza, sobre la moralidad pública, sobre la propiedad, etc.                                    42

¿Cómo va a ser cristiana una legislación, en la que el respeto a la familia se basa en el divorcio? ¿Qué lógica se puede encontrar en algunas sociedades que se enorgullecen de su *diversidad* religiosa y no admiten esa diversidad en las escuelas públicas, donde cada alumno tendría derecho a recibir la educación religiosa conforme a su fe?

¿No os dais cuenta de que la propiedad privada —con las limitaciones que exija el bien común— es un instrumento de libertad para el hombre, un bien que se ha de colocar entre los fundamentales para el desarrollo de la persona humana y de la familia? Los países donde no se respeten esos derechos no son países católicos ni humanos. ¿Veis el panorama, que se os presenta? En estos y en otros puntos capitales, tendréis que luchar, ¡y bien!

43 Trabajad activamente con nuestros Cooperadores. Aumentad su número sin miedo: cuantos más, mejor. Atendedlos, formadlos: que tengan siempre labor entre manos, algo que hacer. Mantenedlos en movimiento, como en ejercicios deportivos. Ampliad continuamente la base de vuestras amistades y hacedles llegar, de un modo y de otro, la doctrina y el ánimo. Tendréis así la mayor extensión de la red divina, endeble, pero eficaz. Y si mantenéis la vibración de este buen espíritu apostólico, haréis un bien incalculable —suave y enérgico— a la humanidad entera.

Nos ayudarán también con su oración y su vida escondida las comunidades religiosas —en especial de clausura—, que admitimos como Cooperadoras y que entienden muy bien nuestro espíritu de contemplativos en medio del mundo. Ellas son contemplativas desde su apartamiento del siglo; nosotros, contemplativos en el seno y en las estructuras de la sociedad civil. Dos manifestaciones —diversas, específicamente distintas— del mismo amor a Jesucristo.

Entre nosotros, noblemente trabajando unidos codo con codo en las tareas apostólicas o ayudando, para que podamos trabajar, hay tantos amigos y Cooperadores. Y algunos viven lejos de Dios Nuestro Señor o no le conocen. Meditad aquellas palabras de San Pedro: *satagite ut, per bona opera, certam vestram vocationem et electionem faciatis*[66]. Procurad que esos amigos nuestros, tan fraternalmente queridos, continúen en el ejercicio de sus buenas obras; y no dudéis de que, si les ayudamos con nuestra oración y con nuestra leal amistad –siempre en el máximo respeto a la libertad personal–, muchos recibirán la gracia para hacer su elección de cristianos.

No olvidéis que la esencia de nuestro apostolado es dar doctrina*, porque, como os he dicho una y mil veces, la ignorancia es el mayor enemigo de

44

---

* *«dar doctrina»*: a menudo san Josemaría utiliza esta expresión como sinónimo de exponer la verdad cristiana, el depósito de la fe, en los más variados contextos y formas, o, en otras palabras, difundir el mensaje evangélico por medio de la propia actividad personal y profesional. (N. del E.)

[66] 2 P 1,10 (Vg). La versión de la *Neovulgata* ha cambiado el texto de la *Vulgata* que aquí cita san Josemaría, eliminando *«per bona opera»*. La traducción de la Conferencia Episcopal Española (2008) es la siguiente: «poned el mayor empeño en afianzar vuestra vocación y vuestra elección». (N. del E.)

la fe. Escribía San Pablo a los romanos: *¿cómo invo-
carán a Aquel en quien no han creído? Y ¿cómo creerán,
sin haber oído hablar de Él? Y ¿cómo oirán si nadie les
predica?*[67]. Porque sentís esta responsabilidad de
predicar, dais una gran importancia a la labor do-
cente —privada o pública; personal o colectiva; de
grado primario, medio o superior—, aunque la enseñanza es una pequeña parte de nuestro trabajo
profesional.

Por la misma razón, procuráis animar los
medios a través de los cuales se forma la opinión pública: la prensa, la radio, la televisión,
el cine, etc. Los que desempeñáis vuestra labor
profesional en esos medios, dais doctrina, no ya
a un grupo pequeño de personas —como hacéis
cuando dirigís un Círculo o pronunciáis una
conferencia— sino que, como el Señor, predicáis
a la multitud, *al aire libre*.

Hay una ignorancia religiosa brutal. Y mucha culpa la tenemos nosotros, los cristianos,
que no damos doctrina por todos esos medios,
cada día técnicamente más perfectos y más influyentes y que, con tanta frecuencia, controlan los
enemigos de Dios.

---

[67] Rm 10,14.

## Proclamar la verdad sin descanso

Lo peor del mundo, hijos míos, es que la gente    45
haga barbaridades y no sepa que las hace. Pro-
clamad la verdad sin descanso, *opportune, impor-*
*tune*[68], aunque algunos no nos crean o no nos
quieran creer. *Quidquid recipitur ad modum reci-*
*pientis recipitur*[*]: por eso no nos creen. Ya les podemos dar el vino de las bodas de Caná, aquel
que fue testimonio del primer milagro de Jesús,
la primera manifestación pública de su divini-
dad, que, echado en la conciencia de esa gente,
se convertirá en vinagre. Pero ¡sigamos echando
vino bueno, diciendo la verdad! Como Jesús,
cada uno de nosotros —*ipse Christus*— debe poder
decir: *Yo para esto he venido al mundo, para dar tes-*
*timonio de la verdad*[69].

Hijos míos, *despojándoos de la mentira, hable*
*cada uno la verdad con su prójimo, porque todos somos*
*miembros unos de otros*[70]. Algo sabemos nosotros,

---

[*] «*Quidquid recipitur ad modum recipientis recipitur*»: «lo
que se recibe, se recibe según la capacidad del recipien-
te», es un aforismo filosófico típicamente escolástico.
El concepto lo emplea, por ejemplo, Santo Tomás de
Aquino en *Summa Theologiae*, I, q. 75, a. 5; cfr. también
*Scriptum super Sententiis,* lib. 4, d. 49, q. 2. (N. del E.)

[68] 2 Tm 4,2.

[69] Jn 18,37.

[70] Ef 4,25.

y aquí va muy bien el *nosotros* —lo hemos sufrido en la propia carne—, del dolor de la maledicencia, de la mentira y de la calumnia: oleadas de cieno provocadas a veces por católicos y hasta por sacerdotes. *Omnia in bonum!*: como el Nilo, después de salirse de madre, fecundaba los campos con el cieno, en su retirada; a nosotros, hijos míos, aquellas oleadas de basura nos llenaron de fecundidad.

46  No dejéis de organizar pequeñas tertulias periódicas con vuestros amigos y colegas —son especialmente interesantes las tertulias con profesionales de los medios de opinión pública—, y suscitar en ellas temas de actualidad, dando criterio con don de lenguas. Sacad conversaciones oportunas en oficinas o en lugares públicos.

No perdáis ocasión —fomentadlas— para decir la verdad y sembrar la buena semilla. *Conversad discretamente con los de fuera, aprovechando las ocasiones: sea vuestra conversación agradable, salpicada de sal, de manera que sepáis cómo os convenga responder a cada uno*[71].

Pienso con ilusión en aquellos hijos míos, que atienden puestos y quioscos de diarios y revistas, en los que trabajan en editoriales o en redacciones de periódicos y en las empresas de

---

[71] Col 4,5-6.

las artes gráficas; y en aquellos otros que, por su trabajo —aunque sea modesto, en apariencia—, tienen ocasión cada día de tratar mucha gente.

Fomentad vosotros, padres y madres de fami-    47
lia, diversiones sanas y alegres, tan lejanas de la mojigatería como del tono mundano que ofende la moral cristiana. De esas reuniones saldrán —los bendecirá el Señor— matrimonios entre vuestros hijos, que heredarán la felicidad y la paz que han aprendido en vuestros hoga-res *luminosos y alegres*.

En el campo de este apostolado de la di-versión, no olvidéis que el principal de los pun-tos claves, que habéis de defender con vuestra acción ciudadana, es la moralidad de los espec-táculos públicos: una juventud, que viva en un ambiente colectivo de fácil libertinaje, es difícil que llegue a formar hogares cristianos.

*Toda labor honesta se puede orientar*
*con espíritu cristiano y apostólico*

Sería deformación dar cabida al pensamiento    48
de que la esfera de la economía y de las finan-zas no puede ser materia de labor apostólica. Esta idea, extendida entre personas que pro-ceden de ambientes clericales, va acompañada de la paradoja de que muchos de esos mismos

hombres, no pocas veces, están metidos —al socaire de la Iglesia— en negocios y en empresas, manejando dinero abundante de los demás, que se fían de ellos porque *se llaman* católicos. Alguno ha dicho —no tan maliciosamente— de estos tales que tienen los ojos en el cielo y las manos donde caigan. La reserva y la prevención, hacia las empresas económicas, no es cristiana, porque es una tarea más que se debe santificar.

Sin embargo, ha tenido —y sigue teniendo— un gran influjo ese recelo entre los católicos y, en no pocas ocasiones, los ha retraído de hacer el bien con su trabajo en ese campo de la economía, o han trabajado, pero con conciencia culpable, si no es que dejaron esas tareas humanas al arbitrio de personas hostiles a la Iglesia, que han sabido y saben utilizarlo para hacer abundante daño a las almas.

Hasta tal punto es esto así, que resulta divertido leer alguna consideración piadosa de la tradición eclesiástica —que se justifica sin duda por la mentalidad y el ambiente de la época—, donde se afirma que Pedro, después de la resurrección del Señor, pudo volver a su oficio de pescador —porque es oficio honesto pescar— pero que a Mateo no le fue lícito volver a su profesión, porque hay negocios que es imposible ejercitar sin grave riesgo de pecado o, simple y llanamente, sin cometer pecado. Y el oficio de Mateo era de éstos[72].

Hay que acabar con esos errores, creados por gentes que profesaban el *contemptus saeculi*: vuestra mentalidad laical no entiende que haya ningún mal en el hecho de ejercer los negocios o las finanzas, porque sabéis sobrenaturalizar esas tareas, como todas las demás, y orientarlas con espíritu cristiano y apostólico.

Y ya que hablamos de esta materia, quiero de-    49
circs que —por desgracia— no es verdad lo que dicen quienes hablan de nuestras actividades en el campo económico, que son poco menos que inexistentes: las normales, para la vida y el desarrollo de una familia numerosa y pobre. ¡Ojalá fueran mil veces más!

Todas las sociedades —de cualquier esti- lo— tienen que mover fondos económicos, para cumplir su fin. ¡Lástima que no tengan razón, cuando murmuran así de nosotros! Aun enton- ces —cuando tuvieran razón—, la Obra seguiría siendo pobre, como lo será siempre; porque ha de sostener en todo el mundo tantas labores apostólicas, que son deficitarias; porque ha de formar a sus miembros, durante toda la vida, y

---

[72] Cfr. S. Gregorio Magno, *Homiliae in Evangelia*, XXIV, en *Corpus Christianorum* (*Series Latina*) CXLI, p. 197.

eso cuesta dinero; porque ha de atender a los socios enfermos y ancianos; porque siempre tendremos, y cada día en más número, la bendita carga de ayudar económicamente a los padres de los miembros de la Obra, ancianos o enfermos, que necesitan ayuda para sostenerse, etc.

En todo caso, esas actividades económicas, si existen —y deben existir cuanto antes—, las haremos siempre respetando las leyes del país, pagando contribuciones y tasas, como el ciudadano que cumpla mejor: no queremos, no es *nuestro modo*, vivir de privilegios.

50   En ocasiones, esas gentes murmuradoras pertenecen a algún grupo oficial, que se reparte el dinero de los contribuyentes, contra la voluntad de los ciudadanos del país; y a la vez querrían que nosotros no pudiéramos respirar, que no tuviéramos derecho al trabajo ni a sacrificarnos, viviendo de una manera pobre, para sostener y sacar adelante obras de beneficencia, de educación, de cultura, de propaganda cristiana. Son enemigos de la libertad —se entiende, de la libertad de los demás—, y quieren hacer discriminaciones entre los ciudadanos.

Todas las asociaciones, de cualquier género que sean —religiosas, artísticas, deportivas, culturales, etc.—, necesariamente han de tener y mover algún dinero, para sostener los medios necesarios en el cumplimiento de sus fines: quien de esto haga motivo de escándalo, demuestra por lo menos ser un insensato.

Cuando se habla de asociaciones religiosas, vienen inmediatamente como ejemplo la Sociedad Bíblica o el Ejército de salvación*, que posee bancas, sociedades de seguros, etc. Nadie se escandaliza: necesitan esos medios para hacer sus labores de propaganda y de beneficencia. En muchos Estados, además de no criticar las actividades económicas de esas asociaciones religiosas, no les ponen impuestos; les dispensan de pagarlos, por la labor social que hacen.

Es de justicia, por tanto, que —en todo el mundo— las entidades oficiales nos hagan préstamos e incluso donativos. Cuando sea así, no harán más que cumplir con su deber; porque, con nuestra labor pública y social, les descargamos de parte de sus obligaciones: esas autoridades, si ayudan de la misma manera que a otras

---

* «*Sociedad Bíblica*»: originalmente llamada The British and Foreign Bible Society, o simplemente The Bible Society, fue fundada en 1804. Con otras sociedades bíblicas, forma parte de las United Bible Societies, que trata de hacer accesible la Biblia en todo el mundo. «*Ejército de salvación*»: The Salvation Army es una denominación cristiana protestante y una organización benéfica, fundada en 1865. (N. del E.)

instituciones culturales y de beneficencia, no
harán más que lo que es justo.

*Mentalidad de servicio*

51   El Opus Dei, *operatio Dei*, trabajo de Dios, exige
de todos sus miembros que trabajen: porque el
trabajo es medio de santificación y de apostolado. Por eso, en todo el mundo, tantos millones
de personas, católicas y no católicas, cristianas
y no cristianas, admiran y aman y ayudan con
cariño a nuestra Obra. Y de eso damos gracias
al Señor.

Hay también algunos entre vosotros que
–porque se sienten bien preparados para resolver activamente los problemas públicos de su
patria–, trabajan, con plena libertad y con personal responsabilidad, en la vida política. Sois pocos: el porcentaje acostumbrado en la sociedad
civil. Y, como todos los demás miembros de la
Obra en sus ocupaciones temporales, al actuar
en ese campo, lo hacéis siempre sin hacer valer
vuestra condición de católicos ni de socios del
Opus Dei, sin serviros de la Iglesia ni de la Obra:
porque sabéis que no podéis mezclar, ni a la Iglesia de Dios, ni a la Obra, en cosas contingentes.
Y al trabajar en la vida pública, no podéis olvidar que los católicos deseamos una sociedad de
hombres libres –todos con los mismos deberes

y los mismos derechos frente al Estado–, pero unidos en un concorde y operativo trabajo para conseguir el bien común, aplicando los principios del Evangelio, que son la fuente constante de la enseñanza de la Iglesia.

Tenéis todo el derecho para vivir esa vocación de políticos. Si algún Estado os pusiese dificultad, tendría que ponerla también a los miembros de las demás asociaciones de fieles y, después, por el mismo motivo –la obediencia que los fieles deben a las autoridades eclesiásticas– pondrían los mismos impedimentos –en buena lógica– a todos los católicos practicantes, negándoles su plenitud de derechos y de responsabilidades en la sociedad temporal. Es injusto tratar a los católicos practicantes como a ciudadanos de peor condición, pero no faltan ejemplos de discriminaciones de este género en la historia contemporánea.

Los que os encontráis con vocación para la política, trabajad sin miedo y considerad que, si no lo hacéis, pecaréis de omisión. Trabajad con seriedad profesional, ateniéndoos a las exigencias técnicas de esa labor vuestra: con la mira puesta en el servicio cristiano a todas las gentes de vuestro país, y pensando en la concordia de todas las naciones.

Es un síntoma de mentalidad clerical que, en los elogios –redactados por gentes apartadas del mundo— que hace la liturgia de los gobernantes que llegaron a los altares, se les alaba porque rigieron sus reinos más con la piedad que con el ejercicio de la autoridad regia, *pietate magis quam imperio*, más con afecto que con el justo mando.

Vosotros, al cumplir vuestra misión, hacedlo con rectitud de intención —sin perder el punto de mira sobrenatural—, pero no mezcléis lo divino con lo humano. Haced las cosas como las deben hacer los hombres, sin perder de vista que los órdenes de la creación tienen sus principios y leyes propias, que no se pueden violentar con actitudes de angelismo. El peor elogio que puedo hacer de un hijo mío es decir que es como un ángel: nosotros no somos ángeles, somos hombres.

52 Quienes habéis dedicado vuestra actividad a la vida pública, debéis sentiros urgidos a no absteneros de trabajar en todos los regímenes, también en aquellos que no están informados por el sentido cristiano, a no ser que la Jerarquía Ordinaria del país dé otro criterio a los ciudadanos católicos. Porque no os permite vuestra conciencia que gobiernen los que no son católicos y, aun en las circunstancias más adversas para la religión, siempre podréis impedir que se hagan males mayores.

Conviene que no abandonéis el campo en ningún tipo de régimen*, sin que por ello os tachen —sería injusto— de colaboracionistas. Hijos míos, más si se trata de naciones con una mayoría católica, sería incomprensible que no hubiese en el gobierno católicos practicantes y responsables y, por tanto, miembros de las distintas asociaciones de fieles. Si no fuese así, podría decirse que esos católicos ni son practicantes ni responsables ni católicos, o que la Iglesia está perseguida.

Cuando hayáis de participar en tareas de gobierno, poned todo el empeño en dictar leyes justas, que puedan cumplir los ciudadanos. Lo contrario es un abuso de poder y un atentado a

---

* «no abandonéis el campo en ningún tipo de régimen»: la opción que propone Escrivá es seguir la propia vocación profesional, a menos que la Jerarquía católica disponga otra cosa. En el caso del Opus Dei, es conocida la acusación de colaboracionismo con el régimen del general Franco, desde que dos de sus miembros entraron en el gobierno español en 1957 y otros lo hicieron en años sucesivos. Sin embargo, la Jerarquía católica española no desaconsejó, más bien apoyó, la colaboración de los católicos con el régimen franquista pues —aunque no reconocía las libertades políticas— parecía garantizar la presencia del mensaje evangélico en la vida pública. Cfr. GONZÁLEZ GULLÓN – COVERDALE, *Historia del Opus Dei*, pp. 221-225; 227-234. (N. del E.)

la libertad de la gente: deforma sus conciencias, además, porque —en esos casos— tienen perfecto derecho a dejar de cumplir esas leyes que solo lo son de nombre.

Respetad la libertad de todos los ciudadanos, teniendo en cuenta que el bien común debe ser participado por todos los miembros de la comunidad. Dad a todos la posibilidad de elevar su vida, sin humillar a unos, para levantar a los demás; ofreced, a los más humildes, horizontes abiertos para su futuro: la seguridad de un trabajo retribuido y protegido, el acceso a la igualdad de cultura, porque esto —que es justo— llevará luz a sus vidas, cambiará su humor y les facilitará la búsqueda de Dios y de realidades más altas. Hijos de mi alma, no olvidéis —sin embargo— que la miseria más triste es la pobreza espiritual, la carencia de la doctrina y de la participación en la vida de Cristo.

### El matrimonio es camino divino en la tierra

53    Hijas e hijos míos Supernumerarios, pienso ahora en vuestros hogares, en esas familias vuestras, que han brotado de ese *sacramentum magnum*[73] del matrimonio. En un tiempo, en el que persevera aún la tarea destructora de la familia, que hizo el siglo

---

[73] Cfr. Ef 5,32.

pasado, nosotros hemos venido a llevar el afán de santidad a esa célula cristiana de la sociedad.

Vuestro primer apostolado está en el hogar: la formación que os da el Opus Dei os lleva a valorar la belleza de la familia, la obra sobrenatural que significa la fundación de un hogar, la fuente de santificación que se esconde en los deberes conyugales. Aunque, conscientes de la grandeza de vuestra vocación matrimonial –así: ¡vocación!–, sentís una especial veneración y un profundo cariño hacia la castidad perfecta que sabéis que es superior al matrimonio[74] y, por eso, os alegráis de verdad, cuando alguno de vuestros hijos, por la gracia del Señor, abraza ese otro camino, que *no es un sacrificio*: es una elección hecha por la bondad de Dios, un motivo de santo orgullo, un servir a todos gustosamente por amor de Jesucristo.

Normalmente, en los centros de enseñanza, aunque sean llevados por religiosos, no se forma a la juventud de manera que aprecien la dignidad y la limpieza del matrimonio. No lo ignoráis. Es frecuente que, en los ejercicios espirituales –que se suelen dar a los alumnos, cuando ya cursan los últimos estudios secundarios–, se les ofrezcan más elementos para considerar su posible vocación

---

[74] Cfr. Mt 19,11 ss; 1 Co 7,25-40; «*es superior al matrimonio*»: así lo definió el Concilio de Trento, cfr. nota a 10d. (N. del E.)

religiosa que su orientación al matrimonio; y no faltan quienes desestiman a sus ojos la vida conyugal, que puede aparecer a los jóvenes como algo que la Iglesia simplemente tolera.

En el Opus Dei hemos procedido siempre de otro modo y, dejando muy claro que la castidad perfecta es superior al estado matrimonial, hemos señalado el matrimonio como camino divino en la tierra. No nos ha ido mal, al seguir este criterio: porque la verdad es siempre liberadora, y hay mucha generosidad en los corazones jóvenes, para volar por encima de la carne, cuando se les pone en libertad de elegir el Amor.

A nosotros no nos asusta el amor humano, el amor santo de nuestros padres, del que se valió el Señor para darnos la vida. Este amor lo bendigo yo con las dos manos. No admito que ninguno de mis hijos deje de tener un gran amor al santo Sacramento del matrimonio. Por eso, cantamos sin miedo las canciones del amor limpio de los hombres, que son también *coplas de amor humano a lo divino*\*; y quienes hemos renunciado a ese

---

\* «*coplas de amor humano a lo divino*»: referencia implícita a la obra poética de san Juan de la Cruz (1542-1591), que escribió "a lo divino", es decir, con significado espiritual, algunas de sus inmortales poesías, en todo semejantes a las coplas de amor humano de otros autores renacentistas. (N. del E.)

amor de la tierra, por el Amor, no somos soltero-
nes: tenemos el corazón jugoso.

Os digo a vosotros, hijas e hijos míos, que habéis     54
sido llamados por Dios para formar un hogar,
que os queráis, que os tengáis siempre el amor
ilusionado que os tuvisteis cuando erais novios.
Pobre concepto tiene del matrimonio, que es un
ideal y una vocación, el que piensa que la alegría
se acaba cuando empiezan las dificultades y con-
tratiempos que la vida lleva consigo.

   Es entonces cuando el amor se enrecia,
cuando se hace más fuerte que la muerte: *fortis est
ut mors dilectio*[75]. Las torrenteras de las penas y de
las contradicciones no son capaces de apagar el
verdadero amor: os une más el sacrificio generosamente compartido —*aquæ multæ non potuerunt
extinguere caritatem*[76]— y las muchas dificultades,
físicas o morales, no podrán apagar el cariño.

   Vuestro matrimonio será, de ordinario,
muy fecundo. Y, si Dios no os concede hijos, de-
dicaréis vuestras energías con mayor intensidad
al apostolado, que os dará una fecundidad espiritual espléndida. El Señor suele coronar a las familias cristianas con corona de hijos, os he dicho
muchas veces. Recibidlos siempre con alegría y

[75] Ct 8,6.
[76] Ct 8,7.

agradecimiento, porque son regalo y bendición de Dios y una prueba de su confianza.

55    La facultad de engendrar es como una participación del poder creador de Dios, de la misma manera que la inteligencia es como un chispazo de luz del entendimiento divino. No ceguéis las fuentes de la vida. ¡Sin miedo! Son criminales —y no son ni cristianas ni humanas— esas teorías que intentan justificar la necesidad de limitar los nacimientos con falsas razones económicas, sociales o científicas que, en cuanto se analizan, no se tienen en pie. Son cobardía, hijos míos; cobardía y afán de justificar lo injustificable.

Es de lamentar que esas ideas procedan muchas veces de casuísticas, planteadas por sacerdotes y religiosos, que se entrometen imprudentemente donde nadie les llama, manifestando en ocasiones una curiosidad morbosa y demostrando que tienen poco amor a la Iglesia —entre otras cosas—, porque el Señor ha querido poner el sacramento del matrimonio como medio, para el crecimiento y extensión de su Cuerpo Místico.

No dudéis de que la disminución de los hijos en las familias cristianas redundaría en la disminución del número de vocaciones sacerdotales, y de almas que se quieran dedicar de por vida al servicio de Jesucristo. Yo he visto bastantes matrimonios que, no dándoles Dios más que un hijo, han tenido la generosidad de ofrecérselo a Dios. Pero no son muchos los que lo hacen así. En las familias numerosas es más fácil comprender la grandeza de la vocación divina y, entre sus hijos, los hay para todos los estados y caminos.

Vosotros sed generosos y sentid la alegría y la 56 fortaleza de las familias numerosas. A los matrimonios que no quieren tener hijos, los avergüenzo: *¡si no queréis tener hijos, sed continentes!* Pienso, y lo digo sinceramente, que no es cristiano recomendar que los cónyuges se abstengan en épocas en las que la naturaleza ha dado a la mujer la capacidad de procrear*.

---

\* *«no es cristiano recomendar»*: san Josemaría está proponiendo un ideal muy alto de vocación matrimonial, una llamada a la santidad, en medio del clima cada vez más permisivo, que se estaba difundiendo en la sociedad occidental de los años sesenta. No quiere que se entienda la continencia periódica como un método anticonceptivo "católico", que se podría aplicar sin tener en cuenta los aspectos médicos, humanos y espirituales que tal opción comporta para cada persona. En el siguiente párrafo dirá que, en casos concretos, «podrá y deberá incluso permitirse», pero recomendará aconsejarse con el médico y con el sacerdote. Desea ayudar a quienes desean vivir cristiana y santamente su matrimonio y, al mismo tiempo, necesitan distanciar los nacimientos. En general, sus palabras siguen

En algún caso concreto, siempre de acuerdo el médico y el sacerdote, podrá y deberá incluso permitirse. Pero no se puede recomendar como regla general. Os he dicho, con palabras muy fuertes\*, que seríamos muchos los que

––––––––––

la orientación pastoral y la praxis moral católica vigentes entre 1959 y 1966, fechas en las que la *Carta* está datada y en que se imprimió, como puede verse en algunas obras de teología moral de esos años, que se encontraban en la biblioteca personal de san Josemaría. Esta doctrina fue precisada y perfeccionada después por la encíclica *Humanae vitae* (1968), de san Pablo VI. La *Humanae vitae* alude a los «serios motivos» que deben concurrir para emplear los métodos naturales, si se quieren distanciar los nacimientos (cfr. n. 16). Al mismo tiempo, explica que esos métodos no se pueden desligar de la "paternidad responsable" y de la virtud de la castidad. En el periodo en que salió esta *Carta* de san Josemaría, existía un debate teológico sobre la cuestión y el mismo Magisterio estaba todavía precisando su postura, en la línea ya indicada en 1965 por la *Gaudium et spes* (nn. 50-51) del Concilio Vaticano II. El actual *Catecismo de la Iglesia Católica*, nn. 2369-2370 recoge la formulación de la *Humanae vitae*, enriquecida por el Magisterio de san Juan Pablo II. (N. del E.)

\* «*con palabras muy fuertes*»: recordemos que san Josemaría estaba escribiendo para quienes conocían bien su modo de hablar, franco y sin tapujos. Al mismo tiempo, con alguna frecuencia, en su predicación y escritos usa la hipérbole, para subrayar una enseñanza, como cuando

iríamos a escupir a la tumba de nuestros padres, si supiésemos que habíamos venido al mundo contra su voluntad, que no habíamos sido fruto de su amor limpio. Gracias a Dios, generalmente

---

dice que creería a sus hijos más que a mil notarios unánimes (cfr. *En diálogo con el Señor, op. cit.*, p. 282), o que preferiría, antes que murmurar, cortarse la lengua con los dientes y escupirla lejos (citado por Javier ECHEVARRÍA, homilía, 20 de junio de 2006, en «Romana» 42 [2006], p. 84) y tantos otros ejemplos, de gran efectividad expresiva. Son modos de decir hiperbólicos, que evidentemente no pretendía que se tomaran a la letra. Quien estuviera familiarizado con el amor de Escrivá por sus padres y conociera su capacidad de perdonar y su comprensión con las debilidades humanas, que resulta patente en sus escritos, comenzando por esta *Carta,* podría deducir que jamás cumpliría lo que aquí dice. Pero quiere usar «palabras muy fuertes» para sensibilizar a sus lectores con el drama que viven quienes descubren ser hijos no deseados. Un grave problema, existencial y psicológico, que se abate especialmente sobre nuestra sociedad, tras la enorme difusión de los métodos anticonceptivos y prácticas abortivas, a partir de la llamada *revolución sexual*, que estaba ya a las puertas cuando san Josemaría escribió estas palabras. Desea dejar claro que el modelo de santidad que propone para las personas casadas incluye un «amor limpio» entre los cónyuges y un gran amor por los hijos, sin miedo a la prole que Dios quiera enviar, salvo por graves motivos. (N. del E.)

hemos de agradecer al Señor el haber nacido en una familia cristiana, a la que —en gran parte— debemos nuestra vocación.

56c    Recuerdo que un hijo mío, que trabajaba en un país en el que estaban muy extendidas las teorías sobre la limitación de los nacimientos, respondió —bromeando— a una persona que le preguntaba sobre este tema: *así, dentro de poco tiempo, no habrá en el mundo más que negros y católicos*[*]. Pero

---

[*] *«no habrá en el mundo más que negros y católicos»*: frase que ha de entenderse en el contexto histórico de la reivindicación de los derechos civiles en los Estados Unidos, de los años 50 y 60 del siglo XX, cuando la *Carta* fue escrita. Esos años coincidieron con la difusión de las medidas de control de la natalidad en Norteamérica, que para los activistas afroamericanos escondían un propósito racista. Los católicos también se opusieron a tales medidas, aunque por motivos morales. La irónica frase de un miembro de la Obra, que cita Escrivá, se quiere burlar de los prejuicios racistas y *antipapistas* de algunos sectores de la población, que deploraban la mayor natalidad de afroamericanos y católicos. San Josemaría aprovecha la ocasión para poner en ridículo al racismo —por reducción al absurdo— mostrando su insensatez y la de toda discriminación por motivos raciales o religiosos.

A mediados de los años 60', en América era normal referirse a los afroamericanos como "negro" (plural "negroes"). El mismo Martin Luther King Jr., Malcom X y

esto no lo comprenden los católicos de naciones donde son minoría, porque no profundizan en esa realidad —que tiene hondo fundamento teológico— de que el matrimonio cristiano es el medio que el Señor ha dispuesto, en su providencia ordinaria, para hacer crecer al Pueblo de Dios.

En cambio, los enemigos de Cristo —más sagaces— parecen tener más sentido común y así, en países de régimen comunista, se reconoce

---

otros activistas anti racistas lo empleaban con naturalidad, lo mismo que la opinión pública en general, como puede comprobarse en el libro de Robert PENN WARREN, *Who Speaks for the Negro?*, New York, Random House, 1965, contemporáneo a la *Carta*, donde se recogen entrevistas a los principales líderes del movimiento por los derechos civiles.

En 1972, un afroamericano preguntó a Escrivá cómo mejorar en el apostolado con los de su raza (el muchacho dijo textualmente "apostolado con los negros", vocablo que en castellano no tenía la acepción peyorativa que ahora posee, especialmente en otras lenguas). San Josemaría respondió: «Mira, hijo mío, delante de Dios no hay negros ni blancos: todos somos iguales, ¡todos iguales! Te quiero con toda mi alma, como quiero a éste y a aquel, y a todos. ¡Hay que superar la barrera de las razas, porque no hay barrera!: todos somos del mismo color: el color de los hijos de Dios», notas de una reunión, 3 de abril de 1972, en *Crónica* (1972), vol. 5, pp. 106-107. (N. del E.)

cada vez más importancia a las leyes de la vida y a las energías creadoras del hombre, que insertan, como factores determinantes, en sus planes ideológicos y políticos.

*Hogares luminosos y alegres*

57    En vuestros hogares, que siempre he calificado de luminosos y alegres, se educarán vuestros hijos en las virtudes sobrenaturales y humanas, en un clima de libertad, de sacrificio alegre. ¡Y cuántas vocaciones vendrán a la Obra, desde esos hogares que yo he llamado las escuelas apostólicas del Opus Dei! Una de las grandes y frecuentes alegrías de mi vida es ver una cara, que me recuerda a aquel chico que yo conocía hace tantos años. *Tú* —le pregunto— *¿cómo te llamas?, ¿eres hijo de fulano?* Y gozo, dando gracias a Dios, cuando me responde afirmativamente.

El secreto de la felicidad conyugal está en lo cotidiano: en encontrar la alegría escondida, que hay en la llegada al hogar; en la educación de los hijos; en el trabajo, en el que colabora toda la familia; en el aprovechamiento también de todos los adelantos que nos proporciona la civilización, para hacer el hogar agradable —nunca nada que huela a convento, que sería anormal—, la formación más eficaz, la vida más sencilla.

Vosotros ayudaréis también con vuestro trato a    58
que las familias –pocas– de algunos de mis hijos, que no acaban de comprender su camino de
dedicación al servicio de Dios, lleguen a agradecer al Señor ese favor inestimable de haber sido
llamados para ser padres y madres de los hijos
de Dios en su Obra. Nunca pensaron que sus
hijos se dedicasen a Dios y, por el contrario, ha-
bían hecho para ellos planes bien distantes de
esa entrega, que no esperaban, y que viene a destruir sus proyectos, muchas veces nobles, pero
terrenos. De todas formas, mi experiencia –ya
no breve– me enseña que los padres, que no re-
cibieron con alegría la vocación de sus hijos, acaban por rendirse, se acercan a la vida de piedad, a
la Iglesia, y terminan por amar a la Obra.

Son, por gracia de Dios, cada día más abundantes, a pesar de las consideraciones anteriores,
las familias –padres, hermanos y parientes– que
reaccionan de modo sobrenatural y cristiano,
ante la vocación; y que ayudan, piden la entrada
como Supernumerarios o son, al menos, grandes
Cooperadores.

Al hablar con las madres y los padres de
mis hijos, suelo decirles: *no ha acabado vuestra
misión de padres. Les tenéis que ayudar a ser santos.
¿Y cómo? Siendo vosotros santos. Estáis cumpliendo
un deber de paternidad ayudándoles, ayudándome a
que sean santos. Dejadme que os lo diga: el orgullo y*

*la corona del Opus Dei sois las madres y los padres de familia, que tenéis pedazos de vuestro corazón entregados al servicio de la Iglesia.*

### Audacia al cumplir nuestra misión

59    Voy a terminar, hijas e hijos míos queridísimos. *Os he escrito con libertad, para despertar de nuevo vuestra memoria*[77], aunque conozco vuestro afán por ser fieles a la llamada del Señor.

Cumplid vuestra misión con audacia, sin miedo a comprometeros, a dar la cara, porque los hombres fácilmente tienen miedo a ejercitar la libertad. Prefieren que les den fórmulas hechas, para todo: es una paradoja, pero los hombres muchas veces exigen la norma –renunciando a la libertad–, por temor a arriesgarse.

La Obra os forma para que, con valentía, seáis –cada uno en su ambiente– hombres o mujeres de iniciativa, de empuje, de vanguardia. Debéis corresponder a esa formación con vuestro ánimo y con vuestro esfuerzo: sin esa decisión vuestra, de nada valdría la abundancia de medios espirituales. Recordad aquella leyenda, que se acostumbraba a grabar en los puñales antiguos: *no te fíes de mí, si te falta corazón.*

---

[77] Rm 15,15.

Sed decididos, tenaces, tozudos, porque *no hay ningún* no *definitivo*. Sed muy comprensivos con todos, procurando especialmente la unidad de los católicos. *Si mutuamente os mordéis y os devoráis, mirad que acabaréis por destruiros unos a otros*[78], decía San Pablo. Hemos de conocernos y de amarnos, por tanto, los católicos.

Dad a todos los hombres el ejemplo de vuestra austeridad cristiana y de vuestro sacrificio. El Señor nos ha dicho: *si alguno quiere venir en pos de mí, niéguese a sí mismo*[79]. Él nos ha hecho sentir, hijos míos, la fecundidad de vernos pisoteados, deshechos en el lagar, como la uva, para ser ¡vino de Cristo!

60

En todo momento, sed serenos —ni violentos, ni agresivos, ni exaltados—, con esa serenidad, que es un modo de comportarse que exige el ejercicio de las virtudes cardinales. La conciencia viva de nuestra filiación divina os dará esa serenidad, porque este rasgo típico de nuestro espíritu nació con la Obra, y en 1931 tomó forma*: en momentos

---

* *«en 1931 tomó forma»*: el hecho fue evocado diversas veces por el fundador del Opus Dei, que lo consideraba una importante luz de Dios (cfr. Andrés VÁZQUEZ DE PRADA, *El Fundador del Opus Dei*, vol. I, Madrid, Rialp, 1997, pp. 388-392). (N. del E.)

[78] Ga 5,15.

[79] Mt 16,24.

humanamente difíciles, en los que tenía sin embargo la seguridad de lo imposible —de lo que hoy contempláis hecho realidad—, sentí la acción del Señor que hacía germinar en mi corazón y en mis labios, con la fuerza de algo imperiosamente necesario, esta tierna invocación: *Abba! Pater!* Estaba yo en la calle, en un tranvía: la calle no impide nuestro diálogo contemplativo; el bullicio del mundo es, para nosotros, lugar de oración. Probablemente hice aquella oración en voz alta, y la gente debió tomarme por loco: *Abba! Pater!* Qué confianza, qué descanso y qué optimismo os dará, en medio de las dificultades, sentiros hijos de un Padre, que todo lo sabe y que todo lo puede.

Hijos míos, *os exhorto a que sigáis adelante y a que os esforcéis por llevar una vida serena, laboriosa en vuestros negocios, trabajando con vuestras manos como os lo hemos recomendado, a fin de que viváis honradamente a los ojos de los extraños y no padezcáis necesidad. Y la paz de Cristo reine en vuestros corazones*[80].

Os bendice con toda el alma vuestro Padre.
Roma, 9 de enero de 1959

---

[80] 1 Ts 4,10-12; Col 3,15.

ESTE LIBRO, PUBLICADO POR
EDICIONES RIALP, S. A.,
MANUEL URIBE 13-15, 28033 MADRID,
SE TERMINÓ DE IMPRIMIR EN
ANZOS, S. L. FUENLABRADA (MADRID),
EL DÍA 20 DE DICIEMBRE DE 2023.